選賢任能

歷代官制與選拔制度

王金鋒 編著

崧燁文化

目錄

序言 選賢任能

上古時期 舉賢薦能

春秋時期的職官制度 ························· 8

春秋時官吏選拔與考核 ···················· 16

戰國時期官制的形成 ······················· 23

戰國時官吏選拔與考核 ···················· 30

中古時期 科舉選拔

秦代三公九卿制與郡縣制 ················· 38

兩漢對三公九卿制的完善 ················· 45

三國職官設置及其官吏選拔 ·············· 54

晉朝職官構架及官吏選拔 ················· 63

北朝職官及官秩和勛爵 ···················· 69

隋朝三省六部制與科舉制 ················· 77

唐朝完備的官吏制度體制 ················· 81

近古時期 德才兼備

五代十國時期的官制 ······················· 90

宋朝官制加強了中央集權 ················· 98

遼夏金官制各具特色 ······················· 107

元朝行省制與分等選官 ···················· 115

近世時期 量才錄用

明朝任官制和選官制 -- 126

清朝對舊制稍加改革 -- 134

序言 選賢任能

文化是民族的血脈，是人民的精神家園。

文化是立國之根，最終體現在文化的發展繁榮。博大精深的中華優秀傳統文化是我們在世界文化激盪中站穩腳跟的根基。中華文化源遠流長，積澱著中華民族最深層的精神追求，代表著中華民族獨特的精神標識，為中華民族生生不息、發展壯大提供了豐厚滋養。我們要認識中華文化的獨特創造、價值理念、鮮明特色，增強文化自信和價值自信。

面對世界各國形形色色的文化現象，面對各種眼花繚亂的現代傳媒，要堅持文化自信，古為今用、洋為中用、推陳出新，有鑑別地加以對待，有揚棄地予以繼承，傳承和昇華中華優秀傳統文化，增強國家文化軟實力。

浩浩歷史長河，熊熊文明薪火，中華文化源遠流長，滾滾黃河、滔滔長江，是最直接源頭，這兩大文化浪濤經過千百年沖刷洗禮和不斷交流、融合以及沉澱，最終形成了求同存異、兼收並蓄的輝煌燦爛的中華文明，也是世界上唯一綿延不絕而從沒中斷的古老文化，並始終充滿了生機與活力。

中華文化曾是東方文化搖籃，也是推動世界文明不斷前行的動力之一。早在五百年前，中華文化的四大發明催生了歐洲文藝復興運動和地理大發現。中國四大發明先後傳到西方，對於促進西方工業社會發展和形成，曾造成了重要作用。

中華文化的力量，已經深深熔鑄到我們的生命力、創造力和凝聚力中，是我們民族的基因。中華民族的精神，也已

選賢任能：歷代官制與選拔制度

序言 選賢任能

深深植根於綿延數千年的優秀文化傳統之中，是我們的精神家園。

總之，中華文化博大精深，是中華各族人民五千年來創造、傳承下來的物質文明和精神文明的總和，其內容包羅萬象，浩若星漢，具有很強文化縱深，蘊含豐富寶藏。我們要實現中華文化偉大復興，首先要站在傳統文化前沿，薪火相傳，一脈相承，弘揚和發展五千年來優秀的、光明的、先進的、科學的、文明的和自豪的文化現象，融合古今中外一切文化精華，構建具有中華文化特色的現代民族文化，向世界和未來展示中華民族的文化力量、文化價值、文化形態與文化風采。

為此，在有關專家指導下，我們收集整理了大量古今資料和最新研究成果，特別編撰了本套大型書系。主要包括獨具特色的語言文字、浩如煙海的文化典籍、名揚世界的科技工藝、異彩紛呈的文學藝術、充滿智慧的中國哲學、完備而深刻的倫理道德、古風古韻的建築遺存、深具內涵的自然名勝、悠久傳承的歷史文明，還有各具特色又相互交融的地域文化和民族文化等，充分顯示了中華民族厚重文化底蘊和強大民族凝聚力，具有極強系統性、廣博性和規模性。

本套書系的特點是全景展現，縱橫捭闔，內容採取講故事的方式進行敘述，語言通俗，明白曉暢，圖文並茂，形象直觀，古風古韻，格調高雅，具有很強的可讀性、欣賞性、知識性和延伸性，能夠讓廣大讀者全面觸摸和感受中華文化的豐富內涵。

肖東發

上古時期 舉賢薦能

　　春秋戰國是中國歷史的上古時期。春秋戰國時期是一個由統一進入分裂的時代，是社會轉變的時代，也是經濟、文化發展的時代。

　　春秋戰國時期的君主雖然運用禮法、刑德、賞罰和誅殺來控制群臣，群臣雖然在名分上還是按等級擁有不同的特權，但他們已經不再是以貴族身分來行使權力，而是以君主臣僕的資格來進行治理。

　　因此，各個政權對官制進行某些變革，已成為歷史的必然。而正是這些變革，使中國的官僚制度從簡單走向完善。

▌春秋時期的職官制度

■春秋名相管仲畫像

　　春秋時期各國是一個個獨立的國家，擁有各自的官制體系，因而使這一時期的職官變得紛繁複雜。不過整體來說，中原國家與西周王室關係密切，基本上是承襲西周設置而有所取捨。

　　各國還在人事管理上制定爵位、俸祿、考核和退休等制度。齊桓公因用管子之謀，透過改革立法使邦國日漸強盛，成為「九合諸侯、一匡天下」。

　　春秋時期，各國職官大概可以分成三類，治事類職官、事務類職官和地方政權職官。

　　治事類職官即行政官，主要有司徒、司馬、司空和司寇這四個部門。司徒、司馬、司空在西周金文中稱為「三司」，地位不甚顯耀，到春秋時才開始突出。

司寇是西周時王宮大臣及臣僕式的官吏，向治事職官轉變，即職官成為國家官吏而不是君王的僕從。

司徒的職責是治理民事。「司」是掌管，「徒」指徒役，即民眾服勞役及軍役，百姓的戶口簿等由司徒掌管。《周禮》中司徒可分成各級行政長官與各種經濟部門長官兩類。魯國的司徒一官長期由「三桓」之首的季孫氏擔任，而季孫氏又是三卿中的總領全國大政。可見司徒一職的重要。

司馬是掌握軍事的職官。古代重車戰，兵車用馬牽引，所以掌軍隊的職官稱為「司馬」。軍賦的徵收由司馬負責，所以司馬還兼掌土地，以確保軍賦的供給。

楚國的蔿掩為司馬，分別按照不同土地條件如平原、丘陵、山林、沼澤等進行測量，規定出產量標準，作為徵收軍賦的依據，徹底重整了田制和軍制。楚國這一重大賦稅制度的改革，是由司馬進行的。

司空掌管工程建築和百工。西周金文中稱「司空」為「司工」，宋國則改「司空」為「司城」。雖然是為避宋武公的名諱而改，但改司空為司城，也反映司空與土木工程的關係。

司寇掌理刑罰獄訟案及糾察之責，孔子在魯國就曾擔任過司寇。司寇一名在當時還有不同的名稱，比如晉國稱為士、理、大士，周王室稱為尉氏，楚國稱為司敗等。

司徒、司馬、司空、司寇是中央的四大部門，在這四部門職官之上，有一人總領全國大政，當時有的國家稱宰相，有的稱執政，有的稱當國，名稱不同，實質一樣。如楚國稱令尹。

選賢任能：歷代官制與選拔制度
上古時期 舉賢薦能

　　東周王室初由卿士擔任，後由太宰居此位。但太宰這一職在西周地位很高，是王室總管，也是國事總管。到春秋後期，各國太宰職權下降，有的甚至徒有其名而無多大的實權，地位不僅比相位低，甚至在「四司」之下。

　　太宰地位的下降，反映出政事職官地位的上升和家臣僕役性職官地位的下降，是國家體制走向成熟的展現。

　　職官中的事務性職官，實指宮廷官吏，專為國君私人服役。包括太師、太傅、太保，宗人或稱宗伯，占卜之人，史官，僕大夫等。

　　太師、太傅、太保本是教育太子的老師和照顧生活的師傅、保，在太子即位後他們就被尊為太師、太傅、太保。這三「太」在西周時被稱為「三公」，執掌國政，像周朝初年的周公、太公就處在師保的地位。

　　春秋時太保一職已不見，太師、太傅多屬美稱，例如晉國陽處父和士會都曾授太傅銜，陽處父位在中軍元帥趙盾下，士會則全是美稱性質；楚穆王的太師潘崇，因擁立穆王有功，楚穆王令他負責警衛王宮，太師卻沒有什麼職權。

　　宗伯是主管君王或國君宗族事務的。西周時天子地位尊貴，既是宗族長，又是人君，故宗伯地位重要。春秋時只有魯國還有宗伯職官名，其他國家則稱「宗人」，職權是主管祭祀，向神禱告，所以又稱為「祝宗」，地位不高。

　　掌管占卜的人稱為卜，如魯國有「卜楚丘」，秦國有「卜徒父」，梁國有「卜招父」，晉國有「卜偃」等。「卜」是職名，即掌占卜和卜筮事務。一般稱為「卜人」，楚國稱為「卜尹」。

占卜系統的職事之人很多，如有整治龜殼備用的，有在龜骨上鑽鑿孔隙的，有在上面刻字的，有做記錄的如「開卜」、「卜史」之類。他們皆屬卜帥下的從役人員。

　　史官是在國君身邊，記錄國君言行的人。古時國君言行有專門史官記載，不只記錄國君舉止，也有一定的監督作用。

　　中國古代史官具有追求真實的優良史德。如晉國趙穿殺了國君晉靈公，當時為中軍元帥執晉國政的趙盾，聽到趙穿發難就往國外逃，還沒走出國境，晉靈公就被殺死，趙盾於是回到國都。

　　對於這件事，晉國史官卻記下「趙盾弒其君」。

　　趙盾說：「你記得不對。」

　　史官說：「你是正卿，逃亡沒有出國境，回來後又不討伐殺死國君的兇手，殺死國君的罪責不是你，又會是誰？」

　　孔子讀到這一段史實後說：「董狐，是以前的優良史官，記事不隱瞞實情。」

　　董狐就是記下此事的晉國大史。董狐不畏權勢，記下歷史真實，所以後世稱為「董狐直筆」。

　　史官為記下真實史事，有時要遭殺身之禍。齊國的權臣崔杼殺死齊莊公，齊國的大史記載道：「崔杼弒其君。」崔杼害怕留下殺君的惡名，就將大史殺死。

　　大史的兩個弟弟接替哥哥的職事，同樣記下「崔杼弒其君」的事實，崔杼又把兩個弟弟先後殺掉。大史的第三個弟

弟接替前三位兄長的職事，同樣一字不改地記下「崔杼弒其君」的字樣。崔杼只得讓他寫下，沒有再殺。

南史氏聽說大史氏兄弟全被殺死，就在竹簡上寫下「崔杼弒其君」的事實，拿著竹簡前往大史官署。走到半道聽說已記下來了，才折返回去。

史官在西周時有大史和內史之分，大史為左史，內史為右史。楚國有左史倚相，楚靈王稱讚他能讀《三墳》、《五典》、《八索》、《九丘》等古書。

中國著名哲學家老子，是東周王室的柱下守藏史，也是一種史官。可見史官不僅要具有優秀的品德，還必須有很深的文化造詣，才能成為好的史官。

僕大夫是宮中總管，管理著樂官，廩人、府人，司鐸等。晉國韓厥在晉景公時統帥新中軍，位列第七，而兼為僕大夫。

在討論遷都的朝會上，因不能決斷，景公退朝後回到起居的地方，韓厥就跟隨景公進入內寢。這說明，朝會時，群臣退後，僕大夫要引導國君退朝，這是此官的職責。

職官中的地方政權職官，是中央政策在地方上的執行者。史料詳實記載管仲在齊國的「三國五鄙」制，可使人了解當時各國地方級政權的組織情況和職官的設置。「三國五鄙」中的「國」就是國都周圍方百里的範圍，「鄙」則是邊遠的鄉野。

管仲將國分為二十一鄉，每鄉分為兩千家，設鄉長治理。鄉下是連，每連兩百家，設連長治理。連下是里，每里五十家，設里有司治理。里下是軌，每軌五家，設軌長。

鄉野則是分為五屬，設屬正，爵為大夫，每屬九萬家。屬下是縣，每縣九千家，設縣帥。縣以下設鄉，每鄉三千家，設鄉帥。鄉以下設卒，每卒三百家，設卒帥。卒以下是設邑，每邑三十家，設邑有司。

　　管仲說，他這樣的建置是沿西周舊制，只是將它重新整頓。春秋時期各國大致仍按照這樣的行政組織。

　　春秋時期由於貴族勢力惡性膨脹，在野中的不少地方成為貴族的采邑，像魯國的費邑就成為季孫氏的封地，而貴族的封地內有類似國都的城，稱為「都」。國君對野中控制的地區因此逐漸減少，相對的是中央政權隨著貴族封地的擴大而削弱。於是各國在進入春秋中期後，一種新型的地方組織「縣」就產生了。

　　這種縣最初設在一國的邊境地區，多是在滅亡小國或從別國奪來的土地上設置。這是它與過去設在野中以九千家為一縣的舊縣區別之一。

　　和舊制縣的另一個區別是，縣的長官由中央政府直接派遣，縣的事務直接由中央管理。春秋後期，縣也開始設在一國的內地，如晉國滅祁氏、羊舌氏後，以其封地設十縣，由中央選派縣的長官。

　　縣的職官除主一縣事務的縣大夫外，以下有縣師、司馬、司寇等，以掌管一縣的教育、民政、軍事、治安。

　　春秋時期在人事制度管理方面，建立了官吏的爵位、俸祿、考核和退休等制度。

選賢任能：歷代官制與選拔制度

上古時期 舉賢薦能

　　爵位是官吏等級的標誌。春秋時官吏的爵位，是沿襲西周時的制度。整體而言，春秋時爵分為三大等第，即卿、大夫、士。

　　卿爵是國家的高級官吏，如相、「四司」的長官，各軍的軍將，一定由卿擔任；大夫是中級爵位，國家的中層官吏，由它們充任；士是低等爵位，是為基層官吏。

　　爵位還要「受命」，就是表示國君選擇任命此人擔任官職。「命」有兩種，一是周天子「命」，一是國君「命」。無論是天子或國君對卿大夫授命時，都要舉行固定的儀式，把加命的事寫在簡冊上，同時賜給相應的車服器用。

　　春秋時官吏的俸祿是根據爵位定的，便是所謂「大夫食邑，士食田」，其中邑指「采邑」，即收取邑中人民的租稅。春秋早時以土地為俸祿，晚期則出現以穀物為俸祿的現象。在孔子時代，實物俸祿逐漸普遍。這些拿穀物俸祿的，是出身寒微的「士」。

　　春秋時建立了官吏考核制度。齊國的考核制度始於齊桓公，每年的正月，國中二十一鄉的鄉長和野中五屬的屬大夫，都要到朝堂「復事」，即回報工作。在朝會時，齊桓公會在看過各屬的賦稅完成數額後加以獎懲。

　　春秋時還建立了職官退休制度，據古書記載，七十歲為退休的年限，所謂「七十致仕」，「致仕」就是退休。年齡一到，官員們通常會主動請求退休，或稱「請老」、「告老」或「老」。

古代人的壽命比今日短，生活艱難；貴族做官雖是「肉食者」，但也老得快，七十歲已是高齡。當時的官，除國君外，無論地位高低都得退休，像士會、韓厥都是晉國的中軍元帥，位居宰相位，也主動「請老」。

春秋時期各個諸侯國基本上都還處在貴族社會的狀態下，所謂官吏通常是貴族出身。當然這個貴族社會已經開始崩潰，因此有「禮崩樂壞」的說法。

各個國家為了自己的發展只好拚命與其他國家爭鬥，於是春秋變成了戰國。戰國時期，不少國家開始實行郡縣制度，於是才有真正意義上的國家官吏。

閱讀連結

士蒍是春秋前期晉獻公主要謀士之一，擔任司空，掌管工程建築和百工。士蒍善於法度，從現有的史料上看，他很有可能是晉國刑法的制定者。

他曾經受晉獻公之命，修建晉獻公兒子重耳、夷吾封地蒲城和屈城。在修城時，士蒍在牆中放置柴草，夷吾很不滿，就跑去告訴晉獻公。

晉獻公責問士蒍，士蒍回答說，公子城牆如果太堅固，將來一旦作亂，就難以攻破。他已然預見晉國權事不一，國政將亂。

春秋時官吏選拔與考核

■孔子論政

春秋戰國時期，世卿選官制度處在逐漸被削弱、被取代的過程，官僚制度的興起使官吏選拔發生很大的變化。這段時間內，在保留舊的世卿制的同時，出現許多新的選拔官吏的方法，有薦舉、學校、遊說自薦、招賢、軍功、任子、吏胥等不同的選官途徑。其中主要的有世官、薦舉和學校培養這三種。

此外，各諸侯國出於爭霸的需要，設立專職考核官員和兼職考核官員，對百官進行檢核，重視提高其政治、經濟與軍事實力，以利於各諸侯國在政治、經濟、軍事上取得優勢。

東周王室政權衰微，導致春秋列國的分裂局面。在諸侯爭霸過程中，官員的表現極為重要，因此各個諸侯國對官員的選拔也是極度重視。

春秋時的職官選拔來源主要是世官、舉薦和學校培養這樣三種途徑。

世官是指同一個家族中的人世代當官。春秋時期各國官吏的來源，特別是國家的高級職官，主要來自世官。

像魯國的「三桓」，鄭國的「七穆」，晉國的韓、趙、魏、荀、范、知等卿族，都是世代為官。晉國的趙氏，趙衰跟隨晉文公，晉文公出亡。晉文公即位後趙衰先為大夫，晉文公讓他為下軍將，他推讓給別人。後為新上軍將，升為中軍佐，位列第二。其子趙盾為卿，趙盾子趙朔為下軍佐，也是卿。

大貴族的族長，都是在國家擔任要職，他們過世或退休之後，就由他們的兒子補官。如晉國上卿士會退休後，由其子士燮代替他上朝聽命；韓厥告老退休後，由於長子韓無忌身有廢疾，改為次子韓起替補其父。由此可見，晉國的卿是世襲的。貴族年輕的子弟接替父親任官的，當不在少數。世官的基礎是「世族」。有累世的大族，故有累世的官爵，而大族之子為官，官又反過來保護貴族，成為連環套糾結在一起。

舉薦是非貴族出身的士人進入仕途的一條道路，所謂「選賢舉能」就是這種選官途徑。

舉薦有兩種方式，一種是在位的人知某人有才能，直接向國君推薦，國君採納即被任為要職，另一種方式是地方政權向上級推薦所轄區內的賢才。

晉國的胥臣出使經過冀時，見到郤缺在田中除草，其妻送飯到田間，夫妻相敬如賓。胥臣回到國都後就對晉文公說：「恭敬，是德行的展現。能夠恭敬的人一定有德行。有德行的人一定能治理好百姓。請您任用郤缺吧！」

選賢任能：歷代官制與選拔制度

上古時期 舉賢薦能

晉文公於是任命郤缺為下軍大夫。

西元前六二七年，晉國討伐狄人，郤缺功大，俘虜了白狄的首領。此時已是晉文公之子晉襄公為晉國君，他提升郤缺為卿。還特別獎賞舉薦郤缺的胥臣一個縣的土地，並對他說：「推舉郤缺，是你的功勞。」

上述故事反映在位者推薦的情況，而由地方政權向上級推薦所轄區內的賢才的這種方式，可以管仲在齊國推行的「三選」制為代表。

所謂的三選制必須經過一連串的程序。各鄉官將本鄉好學、有才德和有武功的人上報給國家，這是一選，稱為鄉選；鄉選出的人才經過相關部門一段時間的考核試用後，將優秀者選出推薦給國君，這是二選；國君親自對二選出的人才審核、面試並交付工作，合格者由國君任命為上卿的助手，這是第三選。

透過「三選」制選出的人才，其出身地位低微，或雖富而無政治地位。這樣的人進入政權中，就擴大了統治基礎。

管仲在齊國推行的「三選」制，其他國家同樣也有實施。

學校培養是國人階層進入仕途的主要途徑。春秋時期的學校有「國學」和「鄉學」之分。國學在國都，是國君和貴族子弟所進的學校，鄉學則是國人子弟所進的學校。

學校學習的內容不只是讀書認字，還必須熟知各種禮節和射箭、駕車的技術。學校每年會定期進行射箭比賽，優秀者即補為相應的官職。

國學和鄉學都是官府辦的，稱為官學，所謂「學在官府」，春秋以前所有的學校都是官學。

　　私學是在春秋晚期才開始有的。第一個以辦私學聞名後世的是魯國孔丘。春秋晚期各國政治動亂不定，官學不存，由於社會經濟發展，一批新興的富人同時出現，且一般人家由於生產力提高，糧食已有餘裕，因而產生學習知識的需求。孔丘適應形勢的要求，創辦了私學。

　　相傳到孔子門下就讀的先後有三千人，有「弟子三千，賢人七十」之說。孔子的辦學方針很明確，就是做官，即「學而優則仕」。他的一批高才生被稱為「孔門十哲」，都到各國做了官。

　　被選出的官員在職期間的政績是檢驗選官是否準確的一個標準，也是考量官員能力的主要辦法。春秋時期的各諸侯國在爭霸的過程中，為了在政治、經濟、軍事上取得優勢，都很重視針對職官的考核，並設立專職考核官員和兼職考核官員，以提高各方面的實力。

　　春秋時期，職官考核制度最大的特點是由過去中央對各諸侯國及其百官進行考核，改為由諸侯國各自對百官為之，並設立列專職與兼職考核官員。

　　這時期，專職與兼職的考核官員已在各諸侯國普遍設置。例如，齊國把擔任考核的官員稱為「五橫」；橫是糾察的意思，五橫即考察之官。考察範圍為分掌五種行政事務系統的官員，包含大行、大司田、大司馬、大司理會大諫。在這五種行政系統內各設五橫，也就是五個監察官員，以監察百官。

選賢任能：歷代官制與選拔制度

上古時期 舉賢薦能

　　擔任監察百官職務的人必須廉正清明。對於精明強幹的人，可因材任事；能言者用他做舌辯外交的工作，有智者用他做偵察性的工作，性行廉正者用他做監督人的工作。

　　春秋時考核職官的方式有四種：復事制、上計制、社會調查和巡訪制。其中，復事制是承襲西周時期的諸侯述職制演變而來，巡訪制則沿襲西周天子巡狩之制。

　　復事制是指臣下向國君匯報治績與屬下考核的情況，有口頭匯報與書面匯報兩種。

　　每年正月，國中的鄉長和農村中的官員，都要到朝堂「復事」，復事制是國君了解下情、掌握基層官吏任職守職，以及國中未入仕的賢者與能者的情況的重要途徑，同時是考核百官的方式之一。

　　地方長官復事的主要內容是書寫材料，以書面的形式向國君上報職官之中的賢能者，國君再次任用，授予官職。

　　上計制就是各級地方官吏把自己管轄區域內的人口、戶籍、田數、賦稅、庫藏、車駕、治安、下屬職官的表現與鄉中的賢能者的情況，定時彙編成冊，上報朝廷審察，作為考核了解下情以及對職官進行考核的計書。君主每年聽取匯報，輔相四時檢查百官的治績，百官每月要進行績效考核。

　　上計制的一項主要內容，就是舉賢。趙國國君趙襄子的大臣、中牟令任登就是在上計之時，舉薦所屬中牟境內之士兩人，並得以任用為中大夫。

上計制與口頭匯報的復事制相互補充，是考核職官的主要方式。春秋時已在晉國、齊國等國實行上計制，並非等到戰國之時才開始實行。

　　據《管子・大匡》記載，上計制對職官的考核，按其政績分為三等。能勸勉國事，有功無過的為上等。治績屬第二位，但是田地不荒、辦案嚴肅的，為第二等。勸勉國事，有功也有過，從政，雖有政績而無能力、田地荒廢、辦案驕忽，為下等。

　　這是考核官員每年年終向齊桓公上報職官考評的情況，按照上計制的內容對地方職官進行考核的真實記載。社會調查是當時考核職官的一種重要方式，由國君派朝官到社會中了解政治、經濟、法律、治安、搖役、官吏執政等情況。

　　《管子・問》詳細記載了齊國考核官員時做社會調查的內容：

　　國內建立大功的官吏來自什麼部門？各州的大夫來自什麼地方？現在的官吏憑什麼條件提拔？判案行有常法，不能改變，為什麼卻會有長期累積的案件？

　　五官各有度制，官都也經常有所決斷，現在卻拖延事情不辦，是在等什麼？士人有多少人田祿而不服任使？他們厭惡什麼工作？士人有多少人有田產而不耕作，又從事什麼工作？群臣中有多少人職位卻沒有田產的？

　　低級官吏中，多少人沒有田祿而做白工的？群臣之中，多少人在官大夫家裡兼職的？外人來游本國，多少人住在官

大夫家裡？調查教導和選拔人才都採用什麼標準？調查各個擔任官都職務的，都任職多少年了？

透過上述內容的調查與考核，全面了解社會狀況，掌握職官任職情況及存在的問題，是考核百官較為有效的形式。調查的對象似為社會各階層人士。

春秋各國還實行巡訪制，由各國國君、卿相親自下去，或派遣官員下去對百官進行考察，同時了解下情，修改不合時宜的政令。

例如子產任鄭國卿相時，從政勤勉，早晨用以處理政事，白天用以四處巡訪，晚上用以修改政令，夜裡用以休養身體。經過考察了解，子產對於忠於職守、勤儉從政者，給予獎賞，對於驕縱奢侈的官員，則嚴懲不貸。

由於子產執政期間，善於考察、了解下情和各級職官的從政狀況，又能及時修訂政令，進行改革，經過三年的治理，鄭國形成良好的政治局面。

巡訪制的實施與賞法分明，不但使得下情能夠上達，政策的制定與修改能夠有的放矢，各級職官也都能奉公守法，積極完成分內的工作。

巡訪制早在西周時已經實行。春秋時期的巡訪制繼承西周之制，是對職官進行考察的重要方式。

閱讀連結

齊國在對官員的考核過程中，除了設專職考核官員外，還臨時委派朝官來考察百官。

齊桓公委派鮑叔考察官吏當中表現好的人，委派晏子考察非官吏和種田者當中表現好的人，委派高子考察工匠和商人當中表現好的人，委派國子管理訟獄，限朋管理東方各國的事務，賓須無管理西方各國的事務，弗鄭管理住宅。

　　這些臨時委派的朝官前去考察百官時，要做社會調查，要了解百官在任期間的表現，作為任免職官的參考。

▌戰國時期官制的形成

■戰國軍事家吳起畫像

　　春秋戰國之際，戰爭愈演愈烈，規模越來越大。一般交戰兵力不過千人，而戰國時期的戰爭，往往是上十萬，甚至幾十萬人參與。

　　為了應付大規模而頻繁的戰爭，各國不但需要可以直接調遣的龐大常備軍，還需要一套完善的國家行政機構，以便有條不紊地分配和調動全國的人力和物力，新型官制因而產生。

選賢任能：歷代官制與選拔制度
上古時期 舉賢薦能

　　戰國官員分為文武兩類，建立國君為首的中央集權制度，同時實施郡縣制為主、封君制為輔的地方行政體系，並實行郡縣徵兵制和常備兵制。

　　中央集權制度可從中央與地方兩邊討論。前者設有國軍直接任免的輔相和將軍，並由他們負責統帥文武百官，後者則設置郡縣，並由國君直接任免長官以鎮守國土和治理民眾。這樣的制度方便國君對各級官吏隨時任免、隨時選拔，而其之所以能夠建立，與其他措施息息相關。

　　一、戰國時代各國對官吏的任用，一般都採用俸祿制度。當時各國俸祿計算的單位並不相同，如衛國是用「盆」來計算，有「千盆、五百盆」等不同等級，秦國用「石」、「斗」來計算，秦國則有「五十石、一百石以至五百石、六百石」以上俸祿的官，大體上以五十石為一級，最小的官吏也還有「斗食」的。

　　俸祿制度之所以能普遍推行，跟當時的社會經濟發展有所關聯。當時的社會上已經出現了僱傭勞動者，既有僱農、又有雇工，有所謂傭客、傭夫、市傭、傭保。因為各國任用官吏和挑選常備兵也採用僱傭辦法，故而普遍實行俸祿制度。

　　二、戰國時代開始用黃金貨幣賞賜功臣。這個變化與當時社會經濟的發展同樣息息相關。由於商品經濟的發展，貨幣的廣泛流通，黃金已然具有貨幣功能，於是國君對於功臣的賞賜，就不必採用分封土地，而是能改用黃金貨幣為之。

　　賞賜黃金百鎰、千鎰，百斤、千斤或百金、千金的事，在戰國時代是常見的。

三、建立公文用璽和發兵用符的制度。戰國時，無論下達命令或來往公文，都必須用璽來封泥作為憑信，否則便不能生效。

因為用璽、符為信物，對官吏的任免是以璽為憑，對於將帥的任免，則是以符為依。凡是丞相、郡守、縣令等官，都由國君任命時發給璽，免職時收回璽。如果要辭職，也必須收回璽。這種嚴密制度的推行使大權集中到國君手中。此外，當時的考核制度也有利於君權集中。

由於戰國時期的官僚機構有上述幾種新制度的創立，使得官僚機構能夠層層控制，集中權力於國君手中，形成中央集權的國家機構。秦漢以後的官僚制度，便是沿襲戰國時代的制度加以發展。戰國時期的官制，還確立郡縣制並設置郡縣的長官，實行郡縣制為主，封君制為輔的地方行政體。

郡是春秋末年才開始設置的。郡本來設在新取得的荒涼邊地上，隨著地區逐漸繁榮，人口也跟著增多，但因為地盤太大不易管理，便在郡下劃分為若干小縣，產生了郡縣兩級地方組織，建立郡統縣的制度。

戰國時代的郡也多設在邊地，主要是為了鞏固國防，所以郡的首領稱為守，也稱郡守、太守。太守是國君直接任免、武官負責擔任，有權徵伐本郡役卒。代行或試用期的郡守稱假守。郡的署衙稱府，郡守以下設有主管軍務的都尉以及負責監察的御史。

選賢任能：歷代官制與選拔制度

上古時期 舉賢薦能

　　當時各國郡的設置，雖僅限於各國的邊區，但縣的設置已然很是普遍。大概凡是有城市的都邑都已建為縣，所以史書上縣和城往往互稱。

　　戰國初期，秦國不斷在東部邊疆設縣，如西元前四五六年開始在頻陽設縣，西元前三九八年在陝設縣，西元前三七四年又在櫟陽設縣。置縣的目的是為了防衛外敵，保護邊疆。

　　戰國時縣級的官僚組織主要有縣令、縣丞、縣尉、縣司馬、縣司空。

　　縣令是縣的最高行政長官。縣令的屬官有令史，助縣令掌文書，調查案件，率卒捉拿人犯等。縣令有缺，令史可以代理。令史有屬官叫令史掾。

　　縣丞的地位僅次於縣令。縣丞分管經濟和司法，包括糧草的徵收和親自審問案件。縣丞有屬官稱丞史。縣尉分管縣內軍務，有權抓捕罪犯、監督役卒服役和督造文書等，其屬官有尉官吏、士吏等。

　　縣司馬與馬政有關，專司馬匹的徵調和使用。《秦律》規定，若馬匹不好使用，司馬要受處罰。其屬官有司馬令史和司馬令史掾。

　　縣司空本主管縣裡以軍事性質為主的工程建築，但因建築工程多用刑徒，所以又是分管刑徒的官。其屬官有司空佐史、司空嗇夫、士吏等。

　　秦國的縣令也稱大嗇夫。

秦國相當於縣級的地方官職還有道和都。道是設在少數民族居住區的，設有道官，又被叫做道嗇夫；都是設在有王室私產和宮室的地方，同樣設有都官。二者不屬縣令管轄而直屬中央內史，有一套自己的機構，屬官有佐、史、嗇夫之類。

　　戰國時在縣之下有鄉、里、聚，即村落等組織；鄉和里的組織在春秋時代就已經出現。聚就是民眾聚居的地方，實際上是相當於一個村落。商鞅在秦國變法時，曾合併鄉、邑、聚為縣。

　　在鄉的小官吏中，負責教化的官員稱為「三老」，負責獄訟和稅收的稱為「嗇夫」，捕盜則由「游徼」負責。里有里正，或稱里典。秦國充任里典的多是鄉間豪強有勇之人，即所謂「率敖」。里中的居民統稱里人，以家為單位，按什伍編組，也就是將鄰近的五戶或十戶編為一組，並設有伍老。編入伍的居民統稱伍人，也叫四鄰；編入伍的各家男丁稱士伍。此外，戰國時還有「亭」的設置。

　　戰國時期，各國還有一些地方性的專職官吏，如在關津要道、貿易中心設置關吏、津吏、市者、市掾；在重要河道水利處設置河丞等。

　　由上述可知，戰國時期各國地主政權的統治機構，從國到郡、從郡到縣、從縣到鄉，已經具有一定的系統並分佈到各個角落，控制著整個國家和社會，形成非常完善的官僚體制。

選賢任能：歷代官制與選拔制度

上古時期 舉賢薦能

郡縣制取代分封制，不僅象徵國家制度由地域關係取代血緣關係，使早期的部族國家轉變成疆域國家，同時表示國家管理人員由職業官僚取代世襲領主，從貴族政治轉化為官僚政治。

戰國時期的官制，還實行郡縣徵兵制和常備兵制。戰國時各國邊地都已分設郡縣，中心區也普遍設縣，於是徵兵制度能夠推行到全國，郡縣成為徵兵的地區單位。

戰國時服兵役的年齡，大概從十五歲至六十歲。當時各國遇到大戰，往往徵召全國壯丁，傾國以赴。如長平之役，趙國傾全國壯丁於長平，與韓國爭奪上黨峻這個策略要地。

各國除了實行以郡縣為單位的徵兵制外，由於出現集權的封建政權，他們同時建立了常備兵制度。

常備兵大多是考選出來的，通過嚴格考核者通常會有特殊的待遇，如可免除全戶徭賦和田宅的租稅。當時各國出兵時，往往以常備兵帶領新徵發來的士兵作戰。

在戰國時期的官僚組織中，是以「相」和「將」為首腦的。「相」是官僚組織的百官之長，中原六國中央均有設置；「將」則是簡稱，法定官名應叫「將軍」。作為最高軍事長官的將，其職位僅次於相。

戰國時縣的官僚機構和國的官僚機構相差不大。商鞅在秦國變法時，每縣設有令和丞，縣令下的丞，在縣中的地位相當於國君的相。韓、魏等國在縣令之下還有御史，縣御史在縣中的地位相當於國君的御史大夫。

御史這個官職在戰國時期本來是充當國君祕書之類的工作，別國使臣來獻國書，往往由國君的御史接受，國君臨朝接待外賓，御史常立在身邊。

司寇在各國均有設置，但名稱不一。「三晉」沿用司寇之名，趙國的李牧曾任此職。秦國雖然也有這個名稱，但根據《秦律・司空》的記載，它卻是一種刑徒。秦國掌司法的官稱為廷尉。廷尉是殿中的執法官。齊國中央政府掌司法的官稱為士師。

戰國時期各國的中央官主要由上述幾個官稱分別掌握由中央到地方的軍、政、法各部門的權力。

此外，戰國時三晉、齊、燕的爵位，大致是沿襲春秋時期，可分為卿和大夫兩級。

在卿當中有上卿、亞卿之分，如燕國樂毅曾為亞卿，荊軻曾被尊為上卿。秦國還有所謂客卿，凡是別國人士入秦，得到卿的爵位者就通稱為客卿。

在大夫之中，有長大夫、上大夫、中大夫等。如魏國吳起做西河守時，獎勵軍功，曾以長大夫賞人，後來須賈曾為魏中大夫。

戰國官制的初步形成，是戰國以來新的職官制產生和發展的必然趨勢，象徵統治者治國經驗的成熟。

閱讀連結

戰國最早設相的國家是魏，之後是韓、趙。秦國受三晉的影響，置相比較晚，秦孝公時，商鞅由魏入秦，始為左庶

長，後升大良造，並未稱相，但是他的地位相當於三晉的相，所以史稱「商鞅相秦」。

最早記載的秦相是西元前三二八年的張儀。秦國在初設相位時，文武尚未嚴格分家，為相的張儀還是統軍作戰的將軍。

後來，丞相專事文職，而大良造專為武職。秦設將軍的官職，是秦昭王初立時以魏冉為將軍，保衛首都咸陽，從此秦才有將軍一職。

戰國時官吏選拔與考核

■戰國後期軍事家樂毅畫像

戰國時期，各諸侯國為爭霸圖強，紛紛打破原來官爵世襲的制度，按照「選賢任能」、「論功行賞」的原則來選拔官吏，建立了「軍功爵制」和養士制度。軍功爵制的出現和確立，在先秦軍事史上具有劃時代的意義。戰國時列國推行的變法運動，同樣重重地打擊了舊貴族的特權。

戰國時期的君王為了對官吏加以控制、掌握治理績效，還普遍建立了考核和監察制度，這就是戰國時期的考課制度，以此作為官吏升遷的依據。

戰國時期，一種前所未有的政治體制逐漸從舊體制中脫胎而出，即為區域性的中央集權和君主專制制度。戰國七雄先後透過廣泛的變法，完成了制度轉換，逐漸用郡縣制替代分封制。新的體制需要大量新型官員；為了滿足這項需求，戰國時期在官吏選拔上廣泛推行了「軍功爵制」和養士制度。

「軍功爵制」是商鞅變法推行的政策措施。這一制度的出現和確立，在先秦軍事史上具有劃時代的意義。秦國是推行軍功爵制最徹底的國家，對當時和後世的影響也最大。

秦的軍功爵制主要包括兩項內容：其一，凡立有軍功者，不問出身門第、階級和階層，都可以享受爵祿。軍功是接受爵祿賞賜的必要條件。其二，取消宗室貴族所享有的世襲特權，他們不能再像過去那樣僅憑血緣關係獲得高官厚祿和爵位封邑。

秦國施行的軍功爵制，在賞賜爵秩的原則上還有嚴格的限制：

一、軍功的大小決定將士尊卑爵秩等級的高低。凡戰士能斬得敵人一首者，就可以獲得爵位一級、與之相應的田宅，還可以做官。斬殺的敵人越多，獲得的爵位越高。如果能斬敵五人，還可以役使隸臣五家。

二、爵位高者賞賜重，爵位低者賞賜輕，對士兵的獎賞低於軍官。依秦制，劃分爵位二十級，從一級公士至二十級

徹侯。軍隊在攻城圍邑時如能斬殺敵人八千以上，野戰時如能斬殺敵人兩千以上，就是全功。凡立全功的部隊，就對全軍進行賞賜，而賞格依五大夫為分界，劃分為兩類，對五大夫以上的高爵賞賜重，在正常的官爵升遷之外還有「賜邑」、「賜稅」、「稅邑」等。而對五大夫以下的低爵，則只賞賜官爵一級，或者最多加賜幾千錢、幾個奴隸而已，沒有「賜邑」等重賞。

三、賞罰並行，立功有賞，無功者罰，賞罰分明。秦國軍隊以伍為基本戰鬥單位，據《商君書‧境內》篇，一伍之中如有一人戰死，其餘四人即獲罪；如有二、三人戰死，其他人的罪名更重。將功折罪的唯一方法是殺敵，一人戰死，須殺敵一人。兩人戰死，須殺敵兩人。所以秦軍戰士想到「斬一首爵一級」的獎賞，必須是在斬殺敵人的數量中扣除己方死亡人數後，方能獲得。

「軍功爵制」是以國家授田及土地私有制為基礎的制度，以「爵祿」的形式來酬答服兵役者，因此它不同於舊的分地制。

因此，在戰國時期活躍於政治舞台上的著名將、相，大多已不是出身於舊貴族，而是出身於微賤者了。這在客觀上，對於舊的「世卿世祿」制度和宗法制的瓦解，也有催化劑的作用。

養士制度是由執政的高級官員豢養一批具有特殊知識或技能的士人，作為人才儲備，為己所用。他們在戰國時期已

經成為政治上具有重大影響和作用的社會群體，是當時新型職業官員的主要來源。

這一時期以養士著名的四君子是：齊國孟嘗君，趙國平原君，楚國春申君，魏國信陵君。此四君子皆明智而忠信，寬厚而愛人，尊賢而重士，因此在各自的國家發揮了重要作用。

秦國的相邦呂不韋，門下也有食客數千，如李斯初入秦時，就是呂不韋的門客。有的國家還會由政府直接建立機構養士，好比齊國的稷下學宮就是一例。

養士制度完全打破血緣宗法關係，士人大量為異國效力，展現自己才華的同時卻也容易形成私人勢力集團。因此，這種制度在進入大一統的王朝以後，就不再實施了。

戰國時期的考課制度是官吏升遷的主要依據，一般在年終進行。荀子說：「歲終奉其成以效於君，當則可，不當則廢。」就是指這種制度。

年終考核制度是戰國時期為了行政管理而創立的，稱之為「上計」。按照規定，當時中央重要官吏和地方首長都必須把一年賦稅的收入預算數字寫在木「券」上，送到國君那裡。國君把券剖為兩半，由國君執右券，臣下執左券。這樣，國君可以操右券來要求臣下完成任務。

上計或由國君親自考核，或由丞相協助考核。如果考核成績不佳，便可當場收璽免官。高級官吏對下級官吏的考核，也是採取同樣的辦法。

選賢任能：歷代官制與選拔制度

上古時期 舉賢薦能

　　齊田嬰為相時，請齊王「聽計」，齊王因「聽計」勞頓，飯也顧不上吃，在臣下匯報時，他竟睡著了。匯報的官吏趁機用刀削去「券」上的數字，使考核無法進行。

　　考核內容很廣泛，包括農地的墾闢、收穫量、倉中糧食的數字、手工製品的優劣、牲畜的繁殖數、肥瘦情況，戶口數以及治安等，無不在考核之列。

　　商鞅說：境內倉庫之數，壯男壯女之數，老弱之數，官、士之數，游士之數，工商業者之數，馬、牛、飼料、禾桿之數。這「十三數」就是考核的內容。

　　考核成績優者獎勵升遷，劣者受罰或收璽免官。以秦律為例：《秦律雜抄》中有關漆園、采鐵的考核規定，漆園若考核成績為「殿」即下等，罰主管的官吏一副甲，令、丞及佐各一盾。若三年評比皆都是下等，罰主管的官吏甲兩副，並撤職永不敘用，令、丞各一副甲。

　　秦律《廄苑律》規定，使用耕牛的，牛被使用壞了，腰圍每減瘦一寸要鞭笞主使人十下。一年四次評比對耕牛的飼養，成績好的主管官吏及飼養的人都有獎賞，成績低劣的以及有關的人都要受罰。這種評比獎懲制度也推廣到各個鄉、里。對官有的牛更是注意保護。

　　秦國每年都對官管的官牛舉行一次考核。十頭以上的一年死三分之一，不滿十頭的一年內死去三頭以上，主管人、飼養人甚至令、丞都受罰。各縣由內史考核，各都官和領用牛的人由大倉考核。

可見，對官吏的考核，秦國的執行相對嚴格，這也是秦國能逐漸強大，終於滅掉六國的重要原因之一。

閱讀連結

西元前二五九年，秦軍與趙軍在長平對陣，最初趙王派廉頗率兵攻打秦軍，秦軍幾次打敗趙軍，趙軍堅守營壘不出戰。秦軍屢次挑戰，廉頗卻都置之不理。

趙王聽信秦軍間諜散佈的謠言：「秦軍最怕趙括來做將軍。」以趙括為將軍取代廉頗。結果大敗。

據說當初趙括的母親知其不能勝任，怕戰敗受連累，當即向趙王聲明同趙括脫離關係。

趙王不聽廉頗的勸阻，執意以趙括代替廉頗，犯了臨陣換將、選官不當的大忌，致使趙國從此衰落。

選賢任能：歷代官制與選拔制度

中古時期 科舉選拔

中古時期 科舉選拔

　　秦漢至隋唐是中國歷史上的中古時期。秦統一中國後，為了加強中央集權，在中央建立三公九卿體制、在地方實行郡縣制，建立一套嚴密的中央和地方行政組織。

　　在其後的一千餘年，各朝代設官分職，經過逐步完善，到隋唐時形成三省六部制，並相應制定了官吏選拔和獎懲等制度。

　　經過中古時期對封建官僚機構的建設，逐步形成從中央到地方的完整的官吏體系，加強中央的統治力量，提高政府的行政效率，充分發揮了國家機構的效能。

▋秦代三公九卿制與郡縣制

■千古帝王秦始皇畫像

秦代的中央官制是三公九卿制，地方官制是郡縣制。秦滅六國完成統一後，秦始皇建立起中國歷史上第一個專制主義中央集權的封建國家，以及以皇帝為首的高度集中的政治體制。

秦朝中央官制的最大特徵是皇權的至高無上。秦代官制與之前的秦國制度有所不同，為後世歷朝所沿襲，其監察制度與九卿制度甚至延續到中國最後一個朝代清代，一直深深影響中國的歷史，奠定了中國基本的政治體制。

秦王政自稱「始皇帝」後，建立了由丞相、御史大夫、太尉這「三公」，以及由奉常、郎中令、衛尉、太僕、廷尉、典客、宗正、治粟內史、少府這「九卿」組成的中央政府，輔佐皇帝管理全國軍政事務。

丞相是掌握最高權力的行政官員，上承皇帝詔命，下統文武百官，總攬政務；每個朝代相同的官職都會有不同的名字。秦代的丞相之名最早出現在西元前三〇九年，同年設立左、右丞相，此之前的對應職稱為相或宰相，如張儀為史書最早紀錄的秦相。西元前二七五年，改相邦。秦王政未親政時，以呂不韋為相邦，並置丞相昌平君，其間或左右二相併置、或設獨相、或稱相邦。

秦始皇統一全國後，以李斯為左丞相，馮去疾任右丞相。秦二世誅李斯、馮去疾，以趙高為中丞相。

秦創置御史大夫，掌監察百官，為副丞相。與戰國時列國普遍設置的負責記錄與檔案管理的御史不同，秦國的御史專掌糾察百官，是中國古代專門監察官制度的開端。

御史大夫屬官有兩丞，一為御史丞，為大夫之副；一為御史中丞。其中御史中丞因為統領侍御史和諸郡監御史，可以命令御史按章彈劾糾舉百官，權力尤重。

九卿仰丞相政令，分掌國事。九卿之屬，有負責皇室事務者如奉常，有負責國家政務者如廷尉。

奉常掌宗廟祭祀禮儀，銀印青綬、秩中二千石，九卿皆同。奉常的屬官有負責宮廷音樂的太樂、負責太廟祭祀事務的太祝、負責皇帝飲食以及祭祀用食物供奉的太宰、負責管理巫醫的太醫、負責觀察天時星象、兼皇家史官的太史以及負責應皇帝詔命進行卜筮太卜。

郎中令掌殿中議論、賓贊、受奏事、宮廷宿衛之事。郎中令的屬官有負責議論的大夫、負責賓客迎送與接受群臣奏

事的謁者、供奉宮廷並等待受職的諸郎以及期門、羽林等禁衛軍。

郎為待選之官，有評議國事的議郎、陪侍皇帝車駕的中郎、侍郎等，無定員，除授常達千人之多。秩石製規定，議郎、中郎秩比六百石，侍郎秩比四百石，郎中秩比三百石。

中郎分統於五官中郎將、左中郎將、右中郎將，郎中分統於車郎中將、戶郎中將、騎郎中將。郎一般取自公卿等官僚子弟，一方面作為皇帝的扈從，一方面學習政務，是秦漢之際出仕的重要途徑。

衛尉掌皇宮諸門屯兵。屬官是一名巴士司馬令，凡吏民上書、四方貢獻、朝廷徵召等，按法律要使用公家的車馬，巴士司馬令即掌其事；屬官二衛士令，統領諸宮門衛兵。

太僕本是周朝官職，秦代沿置，掌皇家車馬。趙高出任郎中令之前任此職。

廷尉是最高司法官。屬官有廷尉丞。廷尉署有獄，稱廷尉獄，大臣有罪則下廷尉獄。

典客掌諸侯與少數民族部族首領朝覲事務、接待諸郡縣上計吏。屬官有行人，備臨時差遣遠方。

宗正又稱宗令，掌皇族親屬及登記宗室譜牒。皇族宗室有罪，則絕其屬籍。屬官有宗正丞。

治粟內史掌諸穀物、金玉之貯，相當於國庫司庫。屬官有太倉令、太倉丞，掌國庫中糧食的貯存；有平準令、平準丞，掌京師及諸郡物價。

少府掌山海地澤收入和皇室手工業製造，為皇帝的私府。少府的屬官很多，比如有掌皇帝服飾織造與保管的御府令和御府丞、掌皇帝各種禮服所需的尚冠令和尚冠丞與掌皇帝與後宮醫藥的太醫令和太醫丞等。其中有些屬官對後世各個朝代的政制發展有深遠的影響，其餘諸「尚」後來轉為女官。

秦代還設有中尉、將作少府、主爵中尉、中常侍等，各司其職。

中尉掌京師治安、兼管消防，是京城的衛戍長官。中尉署有丞、左右中侯、千牛等官佐。屬官有武庫令、武庫丞，掌軍器製造、貯存；有靜室令，皇帝出巡時負責擔任清道伕。

將作少府掌皇宮等公共建築事務，本署有兩丞，左右中侯。屬官有石室令、東園主章令、主章長、左校令、右校令、前校令、後校令、中校令。石室掌建築石料、東園主章令掌木匠、主章長掌伐大木、五校掌營建。五校所屬多為刑徒。

主爵中尉掌諸侯以下諸爵的封贈及賓客祭祀饗食等事務。中常侍侍從皇帝左右，備皇帝顧問，可以經常出入皇宮禁地，漢朝為宦官職務。

秦代的皇后諸卿有：將行掌皇后禮儀、皇后衛尉掌皇后衛隊、皇后少府掌皇后私人事務、皇后少僕掌皇后車馬。

秦代的武將官制包括太尉、護軍都尉和將軍。

太尉為最高武職，統領諸軍，負責各級軍官的任免與考核。秦代的太尉職務與漢朝的太尉相當，但不列於三公，地位較低，與卿相類似。

護軍都尉執掌軍政，統領諸將。屬官有中護軍，領軍史，掌禁軍，參與武將的選補事務，遇將軍率軍出征時，則駐該軍監督軍政。

將軍包括前將軍、後將軍、左將軍、右將軍，位上卿，率軍鎮守邊郡。另置上將軍、將軍，為臨時職務，有大征伐時選武將出任，軍還即撤任。

秦代的地方官制普遍施行郡縣制度。西元前兩百二十一年，秦始皇正式劃分天下為三十六郡，後來陸續增設至四十餘郡。咸陽是國都所在地，不設郡守而由朝廷直轄，其長官為內史，位同九卿，得參與朝政。

內史屬官有都水長、都水丞掌水利，鐵官長、鐵官丞掌冶金、製造農器，廩犧令、廩犧丞掌糧食倉庫和牧養祭祀用牲畜。

郡作為一級行政區，軍民兼治。郡設有郡守、監御史、郡尉三個互不隸屬的主要官員，還有郡的次官郡丞。

郡守是郡的長官，邊地多為武將，內地多以郎官出任，銀印青綬、秩二千石。秦代的郡守權力非常大，除了由朝廷直接任免的縣令縣長、負責監察郡治的監御史、負責統領駐軍與管理治安的郡尉三者外，郡的其他官員均由郡守自行任免。

監御史隸屬御史中丞，負責監察郡守與其他官員。

郡尉掌郡駐軍，主管治安、偵緝盜賊，銀印青綬、秩比二千石。郡尉直轄於朝廷，與郡守分庭抗禮。郡尉屬官有丞，內地諸郡設丞一人、大郡則設兩人。邊塞諸郡則每百里置都

尉一人，都尉轄士史、尉史各二，掌邊塞衛戍；關隘之處置關都尉，均隸屬本郡郡尉。

郡丞輔佐郡守總理郡政，銅印黑綬、秩六百石。郡守缺位或不能理事時，郡丞代行郡守職務。屬官有卒史、主簿、牧師令等。邊塞諸郡另置長史，管理兵馬軍政，與郡丞同秩。

縣為秦代最低階的行政層級，秦代的正式官職也只設到縣級。縣令與縣長都是縣的最高行政長官。秦代按縣的人口多寡，萬人以上的縣置縣令、以下的縣置縣長。

縣令銅印黑綬、秩千石至六百石，縣長銅印黃綬、秩六百石至五百石。縣令與縣長屬下官職包括縣丞、縣尉、功曹、令史、獄掾、文無害、廄騶、倉吏、治獄吏。

縣丞為縣的次官，職比郡丞，銅印黃綬、秩四百石；縣尉掌治安、捕盜之事，職比郡丞、唯不掌兵，秩同縣丞；功曹負責縣吏的考績等第升降，令史管理文書檔案，獄掾是縣獄的典獄長，文無害也就是公平吏，掌巡查監獄，複查案卷，以防止冤獄；廄騶掌縣內車馬之政，倉吏是縣庫的長官，治獄吏是縣獄的獄卒。

縣以下置鄉，鄉以下置亭，亭以下置里。這些都是以宗族為核心的人民自治組織。職官包括三老、有秩和嗇夫、游徼、亭長。

三老由鄉中德高望重者充任，掌教化，有所謂孝悌仁義之家可以申報郡縣予以表彰，並可以推薦優良子弟出任郡縣吏。人口達五千人的鄉，由郡指派一人為有秩；不足五千人

的鄉，由縣指派一人為嗇夫。兩者職責相同，都是調解鄉里糾紛、幫助政府收取賦稅、安排徭役。

游徼為徭役的一種，掌巡察地方、緝捕盜賊。亭長也是徭役的一種，漢高祖在秦代曾任此職。掌同嗇夫。亭長之屬為亭父、求盜兩卒，前者負責本亭保潔、後者負責追逐盜賊。漢高祖劉邦曾任泗水亭亭長。

秦代上述這些官制，有一部分在戰國時期就已形成。但是，秦統一六國後，由於權力的高度集中，中央與地方、政務與事務、君主與臣下間的關係都不可避免地有所變化，形成了一套嚴密的新制度。

秦代官職從中央到地方都有明確分工，既相互配合又彼此牽制，充分表現出「家天下」的特色。中央集權制度有利於鞏固國家統一，封建君主制度在中國延續了兩千多年。

閱讀連結

亭是秦漢時代政府的末端組織之一。泗水亭在沛縣的東部，地處縣城東郊的要道。

劉邦生在泗水亭附近，他當上泗水亭長後，知道自己地位低微，難以大有作為，便廣交當地權貴和江湖豪傑，蓄勢待發。秦末農民戰爭爆發後，劉邦知道時機已到，毅然決定率眾響應，在芒碭山斬蛇起義。

西元前兩百〇二年，劉邦登上漢王朝開國皇帝的寶座，史稱漢高祖。一個小小的泗水亭，竟成為劉邦帝王事業的起點，泗水亭也因此名揚千古。

兩漢對三公九卿制的完善

■漢高祖劉邦畫像

漢朝是繼秦朝後下一個大一統的朝代，分為西漢和東漢兩個時期，後世史學家也稱兩漢。

兩漢時期，上位者為了加強中央集權和君主專制的統治，在職官制度上確立了中央的三公九卿制和繼續實行地方的郡縣體制。

三公九卿制在秦朝只是初具架構，這項制度在漢代有進一步的調整和完善。

西漢中央政府最高行政權力由丞相、太尉、御史大夫三人分掌，稱之為三公，其下分設九卿、列卿等。

丞相又稱相國，是外朝官的首長。對外朝官員而言，舉凡國事均需先上報丞相府，由丞相於府中召集六百石以上的

官員會議，議定之後再以丞相的名義上奏皇帝裁可；凡是大規模的人事變動、政策調整，也都由丞相主持廷議，然後領銜上奏；皇帝的詔命，都必須下達給丞相，由丞相負責實施。

漢武帝曾經任命御史大夫公孫弘為丞相，因其無爵，封為平津侯。從此之後，凡平民拜相者必封侯。丞相也對百官有選舉、任官、黜陟、刑賞的權力。

丞相的辦事機關稱為丞相府，屬官有長史、司直、掾、屬等。長史為相府諸吏之長，職無不攬。丞相有事，則召長史付諸施行；司直掌佐丞相舉不法，職在監察官吏，位在司隸校尉上；丞相府所設諸曹的長吏，統稱丞相掾，有三百多人。丞相府所設諸曹的長吏，位次掾，統稱丞相署。

太尉作為最高武職，除了評定全國武官的功績高下、以為升降的依據外，就是作為皇帝的最高軍事顧問。漢朝軍隊由各將軍、校尉統領，太尉不能直接指揮軍隊。例如周勃平定諸呂之亂時，身為太尉，卻不能進入上將軍呂產所指揮的北軍，只得詐稱帝命方進入北軍營地並取得指揮權。

太尉屬吏有長史、司直、功曹、議曹史、門下史、主簿等。太尉本身固有的屬吏只有長史，其他屬吏只有大司馬領尚書事、開府置官屬後才有。

御史大夫作為副丞相、最高監察官的同時，也有評定天下刑獄的責任，所以也是最高法官。天下郡國上呈的會計帳目，也由御史大夫覆核。

漢代的九卿，包括太常、光祿勳、衛尉、太僕、廷尉、大鴻臚、宗正、大司農、少府。

太常也叫奉常，掌宗廟禮儀；光祿勳也叫郎中令，掌宮殿掖門戶；衛尉掌宮門衛屯兵；太僕在王莽時改為太御，掌乘輿並主馬政；廷尉掌刑辟，是審判全國疑難案件的最高機構，除個別特難案件上報皇帝裁決外，有終審裁判權；大鴻臚，原名典客，掌諸王列侯與內附部族之封拜、朝聘、宴饗、郊迎之禮儀與接待地方諸郡上計諸吏；宗正掌序錄王國適庶等次，及諸宗室親屬遠近，郡國歲因計上宗室名籍；大司農掌勸課農桑；少府負責皇帝衣食起居，醫藥供奉，園林遊興，器物製作等。

漢朝十二卿，除前面所說的九卿之外，又列卿執金吾、將作大匠和水衡都尉。

執金吾掌京師門內屯兵，為京師巡邏以備盜賊，皇帝出巡則為前導；將作大匠主治宮室、宗廟、陵園、土木等事；水衡都尉掌上林苑。

西漢內朝官自大將軍以下，至於侍中，常侍，散騎常侍、黃門侍郎以及光祿勳，謂之宿衛。宿衛近在皇帝身邊，頗受皇帝信任。

侍中是皇帝近臣，掌管皇帝的車、轎、衣服、器物等；左右曹實際上就是分科辦事的尚書；諸吏則是受特別委任有權監察、糾舉不法的官員；散騎常侍的職務是騎馬跟隨乘輿車後，盡侍事之職；給事中出入禁中和顧問應對，位次常侍；黃門侍郎又稱黃門郎，是皇帝近侍之臣，傳達詔令；光祿勳掌守衛宮殿門戶。

此外，內朝官中的宮官，包括太子屬官、宮中女官和宦官、太監等。

西漢承秦制，也實行郡縣官制。西漢郡屬吏均由本郡人士出任，品行高卓者可以被太守推薦出任廷臣。郡級設太守、都尉、監御史三官，各領郡內政務、軍務、監察之事。

太守權力非常大，所屬縣令的任免均由其舉薦建議，郡府各屬吏均由太守自己從本郡人中任免，掌握虎符、竹使符，以此節制本郡駐軍。太守屬吏有別駕、主簿功曹、議曹、右曹掾史、都吏、給事太守府等。

都尉與太守分治軍民，位次太守，開府置吏如太守府，屬官有掾、卒史、屬、書佐、功曹等。除郡都尉之外，西漢還在諸關隘設關都尉，在屯田區設農都尉，在殖民地區設屬國都尉。另有執行特別職務的沒有轄區的都尉，如宜禾都尉，護漕都尉等。

西漢的刺史負責巡行諸郡，糾察不法。刺史雖然品級較低，卻可以糾舉比自身品級較高的官員。漢朝規定，刺史只能糾察秩比六百石以上的官員，不允許刺史問難下級官吏。

刺史所彈劾的範圍，也只能以六條詔書為限。如果刺史糾舉超出詔書範圍，不但不能彈劾成功，自己還要以越職的罪名被罷免。

縣是郡以下最低階的行政區。漢平帝時，全國共設置縣、國、邑、道一千五百多個。國為王侯封地，王國同郡、侯國同縣；邑是皇太后、皇后、公主封地；道是設置於巴郡、蜀郡等少數民族聚居地的縣級地方政權。

萬戶以上的縣，設縣令。不滿萬戶的縣，設縣長。縣令、縣長並為縣的長官。縣置丞一人，主管文書、檔案、倉庫、監獄等。

大縣置縣尉兩人，小縣置一人，主管地方治安、緝捕盜賊。縣丞與縣尉是縣的長吏，由朝廷任免。縣的其餘佐吏的設置多與秦的縣制相同。

漢朝分封制與郡縣制並行，稱郡國制。漢初，有燕、趙、楚、九江等七個異姓王國。王國所轄諸郡太守的任免權力收歸朝廷。

西漢的爵祿制度沿秦制，設爵以賞功。祿，既指官員的等級，也是官員官俸的數額。

漢朝建立之後，沿用秦二十等爵。西漢舉凡國有喜慶、大捷等，都可以賜百姓爵。一般皇帝即位均頒詔賜民爵一級。西漢一朝共計賜爵二十次。

獲得爵位的人，高等級爵可以獲得封邑，免除部分或全部賦稅徭役、減刑、優先擔任官職等，但是由於人民多買爵位以逃避賦稅徭役，朝廷往往以各種理由征伐有爵位的人並加其他負擔以代替賦稅徭役，民爵因此不再為人所重。這也是後世不再設置民爵的原因。

西漢朝秩祿可分為四大等級：比二千石以上、比六百石以上、比二百石以上、比二百石以下。三公萬石不在秩級之內。

官員的品秩雖然以石數為差，不過不全給以糧食，而是錢、穀混合給予。西漢時期，一般過年時一斗米約十數錢，

按此折算，三公月俸約七十萬錢，縣令月俸七萬兩千錢至十四萬錢不等。可知西漢的官俸十分豐厚。

西漢選拔官員也很嚴格。漢文帝時就已經有從社會基層選用賢良和孝廉的做法，要求中央官吏和地方官吏從下級屬吏、民間地主和部分自耕農人中選拔從政人員。名臣晁錯就是以「賢良文學」之選，又經帝王親自策試，得以升遷為中大夫的。

不過，當時既沒有規定選舉的確定期限，也沒有規定各地方選舉的人數。也就是說，這種選舉形式還沒有成為完備的制度。

漢武帝在即位的第一年，就詔令中央和地方的主要行政長官「舉賢良方正直言極諫之士」。六年之後，又下詔策試「賢良」。也就是在這一年，明確規定了郡國必須選舉的人數。這就是察舉制。

察舉的科目，是由少至多不斷增加的；增加科目尤以特科為多，是根據對專門人才的需要而設立。這些科目，統一由皇帝確定。

按舉期分類，察舉科目可分為常科與特科兩大類。歲科有孝廉、茂才（即秀才）、察廉（即廉吏）、光祿四行；特科又分為常見特科和一般特科。

在上述科目中，以歲科為先，其中又以「孝廉」一科為最重要。特科中則以「賢良方正」為最重要。

如按四科標準分類，以「德」為主的有孝廉、孝廉方正、至孝、敦厚等科；以「文法」為主的有明法科；以「才能」

為主的有尤異、治劇、勇猛知兵法、明陰陽災異、有道等科。但所有的科目，都以「德行」為先，在學問上則以「儒學」為主。

正是在漢武帝時代，察舉制得以基本成為正統的政制。這一歷史事實，象徵選官制度重要的進步，意義十分深遠。

東漢建立後，其官制基本上沿襲西漢官制的制度，官名也沒有多少改變。與西漢比較，東漢體制的最大特點就是：強化皇帝權力，不設丞相，削弱三公的權力；刺史成為一級地方長官，廢除地方軍隊；強化內朝權力，外戚、宦官掌握大權，這一官制對後來的三國官制也有較大的影響。

東漢的中央政府組成沿用西漢官制，以三公領九卿為基本架構，但是實際政治權力已經完全轉移到尚書台。

東漢以太尉、司徒、司空為三公，位次上公。三公師長百僚，名義上為最高官職，事實上並無實際權力。與西漢以太師、太傅、太保為上公不同，東漢唯以太傅為上公，無太師、太保官。

漢獻帝時，董卓遷都長安，自任太師，位在太傅上。這是權臣擅權所為。

東漢沿西漢制度，以太常、光祿勛、衛尉、太僕、廷尉、大鴻臚、宗正、大司農、少府為九卿。與西漢不同的是，東漢九卿分隸屬三公。太常、光祿勛、衛尉三卿屬太尉；太僕、廷尉、大鴻臚三卿屬司徒；宗正、大司農、少府三卿屬司空。

東漢九卿均於官稱上加「卿」字，如太常卿等，秩中二千石。

除此之外，東漢九卿與西漢不同者還有，光祿勳除西漢的五官中郎將、左中郎將、右中郎將、虎賁中郎將、羽林中郎將之外，增置東中郎將、北中郎將、西中郎將、南中郎將。

再來就是少府尚書改稱尚書台，由西漢的常侍曹、二千石曹、民曹、主客曹改為六曹：改常侍曹為吏曹，增三公曹，將主客曹分為南主客曹與北主客曹。

尚書台增設左右丞兩人，諸曹侍郎各六人，令史諸曹各三人，事務繁劇的曹增令史各三人。尚書台組織較西漢尚書要重要和龐大。

東漢的將軍是中央政府的重要組成部分，有大將軍、驃騎將軍、車騎將軍、衛將軍、前將軍、後將軍、左將軍、右將軍。

大將軍位在三公上，驃騎將軍、車騎將軍、衛將軍位次列於九卿，位在三公下。前、後、左、右將軍，位次列於九卿，不常置。

東漢中期以後，太后臨朝稱制，外戚以大將軍執政，與太傅、三公合稱為五府。

以上將軍均開府，府屬有長史、司馬各一人，從事中郎兩人，掾屬二十九人，令史御屬三十一人。將軍以本號領軍的，各有部曲、校尉。

東漢的地方官制與西漢相比較，在郡、縣兩級是基本相同的，不過郡的重要性和權力較西漢下降很多，州級則有根本性的差異。東漢的州已經演變成為一級地方行政區，凌駕

於郡之上，也是從這時候開始，中國古代的地方行政區由郡縣制轉變為州、郡、縣三級制，一直延續到隋代「廢郡」為止。

東漢將洛陽之外的地區劃分為十二個州，各遣刺史一人為長官。另以京兆、左馮翊、右扶風、河東、河南、河內、弘農七郡為司隸校尉轄區，稱司隸部。東漢代州也稱部。

東漢共設一百〇五個郡國，除司隸部所轄七郡外，王國與列郡均分隸諸州。東漢的縣級地方建制也與西漢相同。

閱讀連結

蕭何是西漢丞相、政治家，曾輔佐劉邦建立西漢王朝。蕭何病危之際，向漢惠帝舉薦曹參為相；蕭何死後，曹參繼任丞相，一切公務悉照舊章。一些朝臣便在惠帝面前參奏他因循苟且，漢惠帝便召見曹參問其緣故。

曹參說：「陛下用臣為相，只要能夠奉公守法，遵照舊章，能繼舊業，已屬幸事。若自作聰明；推翻成法，必致上下紊亂，恐欲再求今日之太平，已無可得矣！」

惠帝恍然大悟。這就是成語「蕭規曹隨」的來歷。

▌三國職官設置及其官吏選拔

■三國時期蜀國軍師諸葛亮畫像

　　三國是繼東漢後出現的時代稱號，由於魏、蜀、吳三個
國家鼎立而得名。史家往往以西元一九〇年董卓挾漢獻帝離
開洛陽為三國上限、二八〇年晉滅吳為三國下限。三國時期
職官制度，有的國家沿用漢制，有的國家不用漢制用古制，
甚至有些官職是自創的，如蜀國的軍師中郎將、吳國的上大
將軍等。

　　三國官制包括曹魏官制、蜀漢官制和東吳官制。三國官
制和漢朝官制基本相同，沿襲了東漢官制的內容。

　　三國時期的官吏選拔及人才測評，也具有鮮明的時代特
色。

　　曹魏的國家體制脫胎於曹操所建魏國體制，其特點是將
曹操秉政時期的「外重內輕」結構改變為「外輕內重」結構。

曹魏中央官制沒有簡單地恢復西漢時期的丞相制度，而是直接將原屬少府轄下的尚書台劃轉到丞相府官屬序列。由於東漢制度裡，尚書令是實際的政治權力中心，尚書台官員由原來的內朝官轉為了外朝官。

這樣的措施保證了曹操對朝政的控制，同時也無需對既有制度做很大的修訂。尚書省的正式建立，是中國古代中央官制的一次重要的變化。

曹魏中央官制中的尚書不再是丞相屬官，而成為獨立的政務機關。尚書省設尚書令一人，第三品，尚書左、右僕射各一人，第三品。由於中書省的設立，尚書省不再決定政策，改為負責具體國務的處置。

中書省掌機密與草擬詔令，遇有機密事宜或緊急事務，中書省直接發出詔令交有關官員執行，權力日漸加重。中書省中的中書監、中書令，俱為第三品，但是中書監地位較中書令為高。

侍中寺以侍中與給事黃門侍郎為長官，掌門下諸大夫、郎。曹魏以侍中為主官，第三品，置四人，以其中資歷深的一人為祭酒。

侍中的主要職務就是陪侍皇帝左右，隨時規諫得失，同時作為門下主官節制其他各類皇帝侍從。

曹魏門下諸官有：散騎常侍，第三品；給事中，第五品；掌乘輿車駕的奉車都尉、掌副馬的駙馬都尉以及騎都尉、掌羽林從騎，皆第六品。

這三都尉在漢時均屬光祿勳，曹魏卻是加官。太中大夫、中散大夫、諫議大夫、議郎皆第七品。曹魏時均脫離光祿勳，改隸侍中，掌顧問應對。

曹魏九卿與漢朝相比，除了職權大大縮小之外，最主要的變化是將光祿勳所屬的文職侍從官全部改隸侍中，光祿勳僅僅管理武職侍從官。

此外，曹魏非常重視屯田，在光祿勳諸中郎將之外特設屯田中郎將，下隸典農校尉、典農都尉分駐各地負責屯田事務。

曹魏的地方官制實行州、郡、縣三級制。曹操以司隸校尉所轄地區置司州，這是十三州中最後正式命名的州。司州轄三輔、三河，以及弘農等七郡。

司州的設置在曹丕稱帝後延續下來。司州之外，沿漢制將所控制的幽、涼、兗、冀、並、徐、青、豫、雍九州，再加上只占據部分郡縣的荊、揚兩州，合司州為十二州。

內地諸州刺史不加將軍號、無節，第三品，俗稱單車刺史。邊地諸州刺史根據本地區軍事重要性和刺史本人的身分，分別授予假節、持節、使持節、督某州諸軍事、都督某州諸軍事的頭銜，節與督、都督可以分別組合。

曹魏的郡以下為縣。縣按所轄人口多寡分三等。高者置縣令一人，第六品，丞一人，第八品，尉兩人，第九品；次者置縣令一人，第七品，丞、尉各一人，第九品；低者置縣長一人，第八品，丞、尉各一人，第九品。縣的屬吏有各類掾史祭酒。

縣之下置鄉，鄉置有秩、三老各一人，第八品。較小的鄉置嗇夫一人，第九品。

曹魏制定爵位等次，分王、公、侯、伯、子、男、縣侯、鄉侯與都鄉侯、亭侯與都亭侯、關內侯共十等爵。除了宗室封爵外，其餘諸爵均無封地，也沒有租稅收入，史稱虛封。

虛封制度徹底結束了從周朝延續下來的分封制，除了西晉一度反其道行外，此後歷代均實行虛封制度。

在官制上，三國時期的真正創新大多出於曹魏，比如上面涉及的「九品官人法」的內容。這可以說是魏國官制組成上的特殊之處。

蜀漢官制與東漢相仿，形成了以丞相、大司馬、大將軍等政府首腦執掌大權的體制。與曹操執漢政的不同之處在於諸葛亮等蜀漢政府首腦並無意取代君主的地位，而且蜀漢皇權受到削弱，權力集中在外朝官丞相、大司馬等手中，與曹魏皇權集中、內朝官領政相異。

蜀漢中央官制的主要行政權力集中在丞相手中，建國之日起即以諸葛亮任之。丞相可以開府治理事務，丞相府作為全國的行政中樞，負責一切軍政事務。府內編制屬官有軍師祭酒、前、後軍師、長史、司馬、從事中郎、主簿、參軍、東曹掾、西曹掾、倉曹掾、令史，記室、門下督等。

蜀漢還置三公，用以位置勳舊大臣，沒有實際權力，也不開府。置太常，但博士無專經，可能系蜀漢地僻人稀，缺少足夠的經學之士。

蜀漢還置衛尉、光祿勛、太僕、大鴻臚、大司農、少府等諸卿，但沒有廷尉、宗正。蜀漢諸卿的官稱沿用漢制，均不帶卿字，與官署名一致。

蜀漢沿置尚書台，置尚書僕射一人，不分左、右，也不分曹屬辦事，尚書郎唯有吏部、選曹、左選、右選、度支等，較曹魏簡略。這是因為蜀漢軍政事務集權於丞相府有關，蜀漢的行政中心是丞相府而不是尚書台，丞相府屬官如長史、司馬等實際代替了尚書台屬官的職務。

蜀漢置中領軍、領軍、前領軍、行領軍；中護軍、前護軍、後護軍、左護軍、右護軍、護軍、行護軍；中監軍、前監軍、右監軍、中典軍、後典軍等軍政事務官。自典軍為下，其次遷監軍、再遷為護軍、再遷為領軍，其中以中領軍為最高職務。

除上述軍政事務官外，另置諸號將軍負責領軍征伐，如左驃騎將軍、右驃騎將軍、左車騎將軍、右車騎將軍、衛將軍、撫軍將軍、鎮軍大將軍、輔國大將軍、征南將軍、征西將軍、征北將軍、鎮南將軍、鎮東將軍等諸多名號。因與東吳聯合抗擊曹魏，所以沒有征東將軍名號。

蜀漢在地方官制中置司隸校尉，但僅為加官虛銜，遙領司州，無具體職責。益州初置牧，管轄益州範圍內軍民政務以及下屬各郡縣，由諸葛亮兼任。

諸葛亮死後，廢牧置刺史。當時主要的地方官也就是益州刺史，其屬官最多，有治中從事、別駕從事、功曹從事、

議曹從事、勸學從事、典學從事、部郡從事、督軍從事，前、後、左、右部司馬、主簿、書佐等。

州以下置郡、郡置太守、都尉。犍為郡置屬國都尉，牂柯郡置五部都尉，陰平郡有關都尉，巴東郡置江關都尉。郡吏可考者有功曹掾、史、五官掾、師友祭酒、督軍從事、門下書佐、主簿等。縣鄉建制等，與東漢無異。

整體而言，由於蜀漢以漢朝正統自居，官制上反映漢朝官制的遺風比較濃重。

東吳的中央官制與曹魏、蜀漢相仿。東吳置丞相，名義上也是百官之長，可實際僅能管理例行政務，往往不參與重大政務的決策。丞相屬官有軍師、長史、掾等。

東吳的三公廢置不常，除授因人而異。東吳三公的特點是太尉不領軍、司徒與丞相併置而不治民、司空不視土木事。這個特點可以說是後世以三公為虛銜的開端。

東吳政治中造成重要作用的是大司馬、上大將軍、大將軍等內朝將軍，這些將軍外則領軍，內則領政，是事實上的宰相。

東吳初置郎中令，後改光祿勛，有三署中郎將、領三署郎，還有羽林督、繞帳督、帳下右部督，皆領衛兵。衛尉、太僕、廷尉、大鴻臚、宗正、少府諸卿建置均與曹魏、蜀漢同。

東吳宮官有大長秋，設置略如曹魏制。又有太子、太傅、少傅，以及太子賓客和率更令、中庶子、庶子、輔義都尉、右部督等。

東吳的門下官設置略與曹魏同，但地位不甚重要。尚書分選曹、戶曹、左曹、賊曹等四曹，可見東吳尚書職任較曹魏為輕。中書監設中書令、僕射、丞、郎、令史等。

御史台設御史中丞，督軍糧御史及監農御史，又置中執法，左右執法各一人。在殿中察舉違法行為，也稱侍御史。

東吳武職官有領軍將軍；左領軍、右領軍；中護軍、左護軍、右護軍；中典軍、左典軍、右典軍。有撫軍將軍、征南將軍、征西將軍、征北將軍，無征東將軍；有平南將軍、平西將軍、平北將軍，無平東將軍。東吳地方官制有揚、荊、交、廣四州。州屬官見於文獻記載的，僅有部郡從事、師友從事、大中正。

郡設太守、都尉，所屬有功曹掾、門下書佐、門下循行等。縣以下制度略如東漢。東吳爵祿制度也不發達，唯置王、侯二等爵，無祿。吳國官制的明顯特點是雖無創造，但和魏、蜀均有諸多不同。反映出吳國統治者堅持從本國實際情況出發，並不步別人之後塵。

三國時期，是一個各國紛爭的時代，各國統治者急需各式各樣的人才來輔助自己以得天下，比如曹操的「唯才是舉」，劉備的「三顧茅廬」等。

正是由於這種特殊背景，才會產生各國之間互相爭奪人才的局面，形成薦舉、九品中正、考課和試官等官吏選拔制度，並確定相應的人才測評內容。

薦舉一般是由大臣薦舉，是一種由上而下推薦人才的方法，不管是在《三國志》還是《三國演義》都可以看到很多

薦舉的例子。薦舉在三國戰亂時期，是選擇人才中最普遍也最快、最有效的方法。

九品中正制是魏國曹丕時期制定的一種選拔人才的制度，又稱為九品官人法。各州郡選出中正和大中正，由他根據一些標準選出當地的人才，並將所選人才列為九等，稱為九品。九品中正制使得人才選拔更為公正、客觀，是人才選拔歷史上重要的發展。

考課就是按一定標準來考察官吏的功與過，進而對他們進行升降賞罰。諸葛亮在《考黜第八》說明了對官員定期考核，「遷善黜惡」的重要意義和考核政府官員的五項具體內容。

試官即試用準備錄用的官員，就是把認為適當的人選放在某個職務上試用，觀察他的才能與職務的匹配程度。魏國的試官，世代相襲。魏文帝即位，即欲試用衛臻為尚書令；魏明帝即位，用衛臻典選舉，臻依前法，堅持試官。孫權也用此法選拔才能，曾試用薛琮為賊曹尚書。

三國時期的人才測評主要有「德」、「才」和「功與黜」三方面的內容。《三國志・魏志・毛傳》中提到曹操「舉用皆清正之士」，也就是選用清廉正直的人，選用克勤克儉，不貪贓枉法的人。

「才」是一個人才所具備的最根本、最核心能力。三國時期，最重「才」者恐怕非曹操莫屬，重才是曹操始終如一的重要觀點。他曾連續三次頒布「求賢令」，提拔了郭嘉、于禁、樂進、張遼等許多人物，他們都是一些地位低下或道

德名聲不好之才，但最終皆為佐命立功、列名之將，為曹操統一北方立下汗馬功勞。

諸葛亮也很重視人才的知識與才能，承認有各種各樣的人才，主張在用人上要因人制宜，並提出很多具體職務應具備的具體才能。

「功與黜」即一個人在以前的功績或過錯。透過考證以提拔政績卓著者、撤換政績惡劣者。鼓勵良善，罷黜邪惡，顯示出利害與禍福。

閱讀連結

孫權治理國家的法寶即是招攬人才，重用人才。他上台伊始便廣招賢士，重用謀臣，開設賓館於吳會，顧雍、張閎接待諸賓。

短短幾年中，先後招攬了魯肅、闞澤等一幫文臣；呂蒙、丁奉、陸遜等一幫武將。更為重要的是，孫權善於任用人才，能充分發揮他們的潛在能力。

在許多重大戰役中，孫權都是將指揮戰爭的全權委託給前方的軍事統帥，放手讓他們施展自己的才能，從而書寫三國戰爭史上許多輝煌的篇章。

晉朝職官構架及官吏選拔

■晉武帝司馬炎畫像

晉朝是中國歷史上統一的朝代之一，分為西晉與東晉兩個時期；它上承三國，下啟南北朝，屬於六朝。

晉朝官制中的軍、民、財不再各成系統，只要是為了軍事上的便利，都可以打破常規，因而在官職、爵位及任用選拔等方面形成軍事與政治合一的局面。

晉朝官制源自三國官制和東漢官制，但尚書省的組織比東漢更為嚴密。尚書令為尚書省的首官，僕射是次官。晉朝以執金吾榮為尚書左右僕射，自此開始，僕射分置左右。

東晉時，有吏部、祠部、五兵、左民、度支五尚書。祠部尚書常與右僕射通職，沒有固定設置，經常以右僕射兼任祠部尚書；如果右僕射從缺，則以祠部尚書代職。此外，還有左右丞。

中古時期 科舉選拔

　　晉左丞主管尚書台內禁令、宗廟祠祀、朝儀禮制、選用署吏。右丞掌尚書台內庫藏廬舍、所有器用之物、廩賑民戶租布、刑獄兵器、督錄遠道文書以及章表奏章等事。又有尚書郎。

　　晉武帝時，罷前朝農部、定課，置直事、殿中、祠部、吏部、三公、比部、金部、倉部等三十四曹郎。其後又置運曹，合三十五曹，並置郎。

　　魏晉以來，中書監令掌贊詔命、記會時事與典作文書。中書監令在西晉位尊於尚書令，到了東晉，其任更重，多以諸公兼領。

　　東晉初年，曾一度改中書侍郎為通事郎，不久又改為中書侍郎。其下是中書舍人。西晉初年，初置舍人、通事各一人，東晉把舍人、通事合稱為通事舍人，掌呈奏案章。後罷去，而以中書侍郎一人當直並掌詔命。

　　西晉初年，晉武帝以祕書監與中書省合併，猶保存著作局。晉惠帝置祕書監。其屬官有祕書丞，著作郎。晉惠帝時改著作郎隸祕書省。著作郎有一人，稱為大著作郎，專掌國史，又置佐著作郎八人。

　　晉把漢代的侍中改為門下省，作為皇帝侍從、顧問機構，長官為侍中。侍中還常代表皇帝與公卿辯論朝政，地位雖然不高，但因接近皇帝，顯得很重要。南北朝時，凡屬重要政令，皇帝都徵求侍中意見，這也使門下省開始成為參與國家大政的部門。

給事黃門侍郎與侍中共同管理門下省諸事，本無定員，晉置四人。散騎常侍，無定員，西晉初年，沿東漢舊制不改。晉惠帝曾經以宦者董猛為中常侍，後來便廢止。給事中也是加官，所加或大夫、博士、議郎，掌顧問應對，位次中常侍，在散騎侍郎下，給事黃門侍郎上，無定員，又有通直散騎常侍。

晉武帝時稱為通直散騎常侍，東晉置四人。員外散騎常侍，無定員。晉元帝時稱通直散騎侍郎；散騎常侍與散騎侍郎各有本官與通直、員外三種。晉之散騎雖隸屬門下，但又另設散騎省，以中書職務付與散騎省，所以散騎也掌表詔。

兩晉其他重要官職還有丞相、八公、位從公及九卿。

以中樞官而論，晉初不置丞相，晉惠帝時才改司徒為丞相。其後，宋、齊、梁、陳各朝，司徒與丞相相同，且廢置不一。

晉之丞相如梁王彤、成都王穎、南陽王保以及王敦、王導等人，都是獨攬大權。他們上脅天子，下壓群臣，不遵守尋常人臣的職分，而這種情況是漢末曹操當丞相以來所造成的。

兩晉諸王及王敦、王導等人任「丞相」，皆因人而設，並非定職，有時在制度上不設這種官，只是習慣上有這種官。凡是真正總攬大權的，都必須加上「錄尚書事」的稱號。

其他宰相可能不處理日常公務，也可能不問小事，錄尚書事則是一切公文都必須經他審閱，因而即便是威望極重的權臣，也不能不兼此稱號，才能保證事權的高度集中。

八公之置，不只是為了尊崇世族中門望特高的人。晉武帝派侍中任愷與這些元老聯繫，他們也參議朝政，只是年高體弱不參加日常執政。在晉朝三公依然有執政官，比如太保衛瓘錄尚書事、司空張華作為公輔都參與執政，與司徒王導都是三公任宰相。

八公屬官有長史、西閣、東閣祭酒、西曹東曹掾、戶曹、倉曹、賊曹屬各一人，每曹皆置御屬、令史，學干。保衛諸「公」的，有武賁十二人。

位從公是曹魏的舊制；凡是開府儀同三司，都是位從公。所謂「開府」，是指開設府第，設官置吏；儀同三司是說儀仗同於太尉、司徒、司空。

八公及開府位從公者，品秩第一。驃騎以下及諸大將軍，既不開府，又非持節都督者，品秩第二。

晉元帝置督軍御史，以都督諸軍為上，監諸軍為次，督諸軍為下。持節將軍以使持節為上，持節為次，假節為下。

使持節有權殺二千石以下之官；持節有權殺無官位的平民，若在用兵作戰時，得與使持節同。假節只能誅殺犯軍令的人。

由於尚書省機構繁密和權力擴大，國家庶政均經由尚書、中書處置，九卿職權因而多被侵奪，荀勖也因此建議把九卿併入尚書，可見當時九卿僅空有其名，失去存在的價值。

晉朝的建立者司馬氏不是大姓，統治基礎是薄弱的，能否控制豪強大姓對順利執政具有重要意義。司馬氏除了施行

占田制，限制佃客和食客、增強百姓和中小地主階級力量限制豪強外，主要是透過官職和爵位增強皇權地位。

晉朝重視任用那些得民心、有忠義名聲、往往出身寒素的人，而非侷限在豪門顯貴中任用人才。與此同時，晉朝也有任用豪門中嫡宗的子弟。

因為當時還是實封，要是豪強家族獲得實封的民戶，必然會造成豪族勢力更加擴充，那朝廷制定的限制豪強佃戶、食客的政策就會形同虛設，這些豪門對中央權威和影響力就會構成威脅，故而司馬氏在用人上更為傾向寒素。此舉同時反映出晉朝對爵位控制的重視。

在統一戰爭中，主要的執行者張華、王浚、唐彬都是爵位很低的寒素出身，三人都僅是關內侯，這樣戰後封賞縣侯連升三級能顯現封爵優厚，比讓郡公、縣侯統兵更能招撫人心。

在晉朝出現了地位很高、權勢很大，爵位卻很低的現象，這是晉朝政治的特點，也是司馬氏這樣不大的著姓能有效統治的政治基礎。像陸玩是興平伯、陸納沒爵位，兩人都是司空，僅陸曄是公爵。

司馬氏這樣的政策是正確的，因為封建社會的宗室若不是強族，便難以保障世襲封爵的安全。即使開國封爵的祖先忠於司馬氏，他們也不能保障兒孫能忠誠，前代功臣不到三代所剩無幾的情況對晉朝教訓影響很深，過度封爵同時會增加社會的不安定因素。

晉朝的外戚也都很了解朝廷的這項政策，外戚幾乎沒有郡公、縣公封爵的，王濛父子沒爵位，何準子孫辭讓縣侯，很多辭讓封爵居低爵，或乾脆不要爵位。

反過來說，爵位低的外戚往往受到重用，像胡奮僅是夏陽子，但是任尚書僕射；何沖封的爵位更低，僅是都鄉侯，可實際權勢在有晉外戚中罕有匹敵，甚至執掌朝政十多年。後來的桓溫集團就是依靠他發展起來的。

西晉時選拔官員仍遵循曹魏的「九品中正制」。當時世家豪族在政治上、社會上都有很大的勢力。在中央做官的，多是世家豪族；做各州、郡大小中正的，大多也是世家豪族。所以，大小中正品第人物，只重門閥，不論才智，全憑個人的好惡，對政府完全不負責任。

西晉時期反對「九品中正制」的人很多，一方面表示世族業已經控制了選舉，而司馬氏的政權既以世族為中心，自然不能反對這種制度或阻止這種趨勢，另一方面也說明這種制度事實上已為門閥所利用，以鞏固其既得利益。

東晉以後，門閥形式已經凝固，士庶以血緣區別的理論業都建立完成，反對者也就越來越少了。東晉沿兩漢舊制，察舉孝廉秀才，初期徵召試用，以示慰勉，後則詔定考試，並規定了嚴格的賞罰制度，若不中科者，除本人受到禁錮外，所在州郡官員也要受到懲處。

西晉士大夫石崇和晉武帝司馬炎的舅舅王愷爭比闊綽，互不示弱。晉武帝常常資助王愷，曾把一棵二尺來高的珊瑚樹送與王愷，這棵珊瑚樹枝條葳蕤，少有可與之媲比的。

王愷拿來給石崇看，自鳴得意，誰知石崇看後，就用鐵如意敲它，應手而碎。王愷既惋惜，又覺得石崇在妒忌他，一時聲色俱厲。

石崇叫下人把家裡的珊瑚樹盡數取出，同樣光彩奪目，像王愷那樣的就更多了。王愷看了，惘然若失。由此可見，一個人敝帚自珍是不行的。

北朝職官及官秩和勛爵

■南朝第一帝劉裕畫像

南北朝時期是中國職官制度從三公九卿制向更高級的三省六部制演進的過渡時期。在這段時期，中國大部分時間處

選賢任能：歷代官制與選拔制度

中古時期 科舉選拔

於分裂、割據和戰爭的狀態，各個王朝為了適應戰爭的需要，原來的一些正規職官或撤銷或空有虛名，而一些臨時性的職務反倒發揮了重要作用，豐富了中國古代的官吏制度。

但是，這就造成了這一時期職官設置的紛繁複雜。儘管如此，其主流還是與秦漢一脈相承的，也是為了適應當時的需要。

南朝包括宋、齊、梁、陳四朝。南朝官制在沿用魏晉之舊的同時仍各有許多改置，但從官員實際權力的運作看，又有明顯的變化，其中要以中書省為最。自劉宋以後，中書監、令雖仍由門閥士族出身的官員擔任，實權卻逐漸轉移於中書舍人，而這是因為南朝建國的幾個皇帝都是寒門出身的武將，對士族出身的尊官無法指揮，不得不引用寒門出身、地位較低的中書舍人，寄以心腹之任。

宋、齊、梁、陳四朝的中書舍人號也就因此稱為「恩幸」，擁有很高的權威。中書舍人往往又兼任員外散騎侍郎、給事中，這樣，中書、門下兩省皆在「恩幸」的掌握之中。

同樣存在大變動之次的是門下省。門下省長官仍為侍中。宋文帝元嘉初年，侍中權勢甚重，以後逐漸受到冷落，大權旁落。南朝又從門下省分立集書省，以散騎常侍為長官，其下有通直散騎常侍、員外散騎常侍、散騎侍郎、給事中、奉朝請等。

門下省的主要任務是「封璽書」，即下行詔敕經過門下省審核，畫可後付相關機構執行。不過門下省大權也歸於「恩幸」之手。

南朝尚書省機構設置沒有太大的變化。省中官吏都是門閥中人，朝廷上的尊官；在中書、門下兩省掌握決策、審議職能的情況下，尚書省的權力有所減弱，一般不再當面奏事，也不參與決策中樞的議政，只是以九卿領袖身分處理日常行政事務。

但是，尚書省畢竟是內外行政事務的彙集處，尚書省令、僕射更是地位尊貴；諸曹尚書各能久任，但當皇權有所削弱或新君繼位的時候，皇權下的權力中心往往又復歸尚書省。

南朝官制也有不同於魏晉之處。劉宋設官，雖大略如晉，但所設將軍名號比東晉要繁雜得多。有帶將軍稱號不一定統軍，中央要職及地方軍政長官通常都有各種將軍頭銜，將軍稱號成為較高地位的一種標誌。

中央派往各地的鎮將不用士族，改由諸王充任，皇帝則另派自己的親信充典簽官，代鎮將掌實權或分掌實權，並監視鎮將的舉動，稱作「簽帥」。當時皇帝利用典簽官作為耳目，來監察諸州政事及宗室諸王。

在地方的建置上，劉宋王朝省去許多僑郡、僑縣。在少數民族地區設中郎將、校尉等官，如平越中郎將、西戎校尉、南蠻校尉、寧蠻校尉等。在劃分官員的等級上，官品與祿秩並用，但高低往往不相應合，較為混亂。

齊朝官制變化更小，只是設官比劉宋更為繁密，官秩用九品制，但州刺史仍稱二千石。梁朝官制較劉宋、蕭齊變化為多。梁武帝在選用官吏上，宗室、士族、寒族並用，使官員的數量大大增多。顯著的變化表現在四個方面：

選賢任能：歷代官制與選拔制度
中古時期 科舉選拔

一、梁武帝鑒於宋、齊用典簽官監臨諸王，權力雖然集中於皇帝之手，但骨肉相殘，政局不穩，於是取消了典簽官監臨諸王的體制，使諸王成為握有實權的鎮將。

二、諸卿按春、夏、秋、冬劃分，共十二卿。春卿是太常卿、宗正卿、司農卿。夏卿是太府卿、少府卿、太僕卿。秋卿是衛尉卿、廷尉卿、大匠卿。冬卿是光祿卿、鴻臚卿、大舟卿。

三、宮職中大長秋掌管宦者。太子宮增設東宮常侍，由散騎常侍兼領。

四、職爵秩繁雜。梁朝除王之外，實行公、侯、伯、子、男五等爵制。官員等級以品級與祿秩並行。

陳朝官制承襲梁朝，變動極小，唯品秩立為九品，如尚書令為一品，中書監為二品，侍中、散騎常侍、御史中丞三品，郡太守五至七品，縣令、長八至九品。

此外，南朝職官有清濁之分。當時所稱的清官、濁官與後世清官、貪官不是一回事。清官，指職務清要的官位；濁官，指武職或職務繁雜的官位。由濁入清，則是官員們所企盼的。這種官分清濁的現象，在北朝也同樣存在。

宋、齊、梁、陳四朝雖各有不同，但增設官額，以及虛立官名以安置功臣、貴戚、豪門的情況則是一樣的。當時各朝政府中的共同弊病是官員偏多、人浮於事，朝臣、鎮將相互推卸責任，矛盾日益加深，造成統治基礎不穩固，同時使得權臣趁機奪取君權，改朝換代。這就是四朝都成為短命王朝的原因之一。

北朝包括北魏、東魏、西魏、北齊和北周。北魏官制中最有特色的是尚書省的議政制度。北魏議政方式強調的是集體，有八座即尚書令、僕射及諸曹尚書議事的方式，也有擴大到丞、郎中的博議方式，更有尚書省與門下省、中書省等機構的合議方式。特別是最後一種議政方式，對後來隋唐三省制的發展有著極其深遠的影響。

北魏御史台長官不稱御史中丞，而稱御史中尉。增設的機構有中侍中省和昭玄寺。

中侍中省是近侍機構，以中侍中、中常侍為長官，其下有中給事中，領中尚藥、中尚食、內謁者諸局。

昭玄寺是管理佛教事務的機構，以大統、統為長官，封爵實行五等爵制。地方仍分州、郡、縣三級，此外又有行台之設。

北魏後期出現的行台，是作為中央的派出機構，對地方擁有指揮權。行台逐漸發展成為州上的行政區。

北魏官秩變化較大，分九品，每品各置正、從，四品以下，每品正從再分上、下階，凡三十階。此制對後世影響很大。

此外，北魏官制值得注意的是後期丞相、大丞相、相國等官位的復出。這些官位皆非尋常人臣之所居，往往是掌握朝中軍政實權的大臣自命，如高歡、宇文泰。以後東魏、北齊、西魏、北周，以及楊堅取代後周，建立隋代，皆由此而起。

東魏官制與北魏相同，變化極小。北齊官制中最突出的是列卿各機構正式改名為寺。有太常、光祿、衛尉、太僕、

大理、鴻臚、司農、太府、國子、長秋、將作、昭玄十二寺。太常至太府各寺的長官稱卿、少卿，國子寺的長官稱祭酒，長秋寺的長官稱卿、少尹，將作寺的長官稱大匠，昭玄寺的長官稱大統、統。

西魏時候，執政的宇文泰曾命蘇綽、盧辯用《周禮》所載官制改造西魏官制，西元五五六年正式實行。第二年，北周取代西魏，官制則不變。

西魏官品分九命，第一品為九命，第九品為一命。祿秩以石計算。太師、太傅、太保為三公，正九命。少師、少傅、少保為三孤，正八命。三公三孤皆為「論道之官」，不與實政。

中央政務由按《周禮》設置的「六官」主持。所謂六官，指天官、地官、春官、夏官、秋官、冬官。六官各置一府，長官稱卿，合為六卿，均正七命。

天官府長官大塚宰卿，地官府長官大司徒卿，春官府長官大宗伯卿，夏官府長官大司馬卿，秋官府長官大司寇卿，冬官府長官大司空卿。六官的地位實與尚書八座的地位相當，所以隋代北周後，首除六官，恢復三省，並非偶然。

北周地方分州、郡、縣三級。除雍州設州牧外，各州設刺史。郡除京兆設尹外，各設太守。縣設令。州、郡、縣各以民戶多少分為五等，決定命官高下。

北周軍制也仿周官六軍之制，把十二軍鮮卑禁旅改為六軍，六軍分統於六柱國，每軍設兩個大將軍，每個大將軍督兩開府，共二十四開府。開府下又有郎將，稱之為府兵制。

西魏時掌握實權的宇文泰與宗室元欣都是柱國，與六軍柱國合起來為八柱國。

南北朝時期的官吏選拔制度沿用魏文帝曹丕時的「九品中正制」。此制至西晉漸趨完備，南北朝時又有所變化。

南北朝時期，以九品中正製為基礎選拔官吏，逐漸形成了「上品無寒門，下品無士族」的局面，意思是當官的沒有出生卑微的，而身分卑微的沒有出生顯赫的。

士族是在南北朝時期重門閥，別於庶民，自成一特殊階級的縉紳之家的等級。下品是古代官品制的「九品中正」制度的下三品，即下上、下中、下下的三品，是屬於低官品的官員。很顯然，其中「品」主要是指品評士人的家世等級。在當時，官吏品評的主要內容包括三大類：

首先家世，即家庭出身和背景。指父祖輩的資歷仕宦情況和爵位高低等。這些被稱為簿世或簿閥，是中正官必須詳細掌握的。

其次行狀，即個人品行才能的總評。當時的總評很簡單扼要，如「天才英博、亮拔不群」、「德優能少」等。

再次定品，也就是確定品級。定品原則上依據的是行狀，家世只作參考。出身寒門者行狀評語再高也只能定在下品；出身豪門者行狀不佳亦能位列上品，這才形成當時「上品無寒門，下品無士族」的局面。

這一局面是南北朝時的現象，當時實行的是察舉制，所以很多名門望族就推薦自己的子孫去擔任要員，有時候和其

他大員互相推舉對方的人選。當然有極個別的例外情況，但除非是皇帝欽點的，否則 成功人數是少之又少。

閱讀連結

西魏王朝的實際建立者和北周政權的奠基者是宇文泰，他在用人上奉行唯賢是舉，不限資蔭，只要德才兼備，就可身居卿相。

在這一選人思想的指導下，宇文泰將來自不同方面的人聚攏在自己周圍，如李弼原是侯莫陳悅帳下大都督，且互為姻親，後倒戈歸附，宇文泰毫無戒備之心，予以重用，成為統率府兵的八柱國大將軍之一。

正因為宇文泰能唯賢是舉，用人不疑，因此西魏政府上下協力，內部團結，確保各項政策措施的順利執行。

▌隋朝三省六部制與科舉制

■隋朝開國皇帝隋文帝畫像

　　隋朝雖是一個短暫的王朝，其官制卻在中國古代官制史上佔有重要的地位。

　　隋朝朝官制度的最大特點，是集東漢以來朝官制度發展變化之大成，制定了三省六部制，為以後唐宋官制的發展奠定了基礎。

　　同時，隋朝建立的科舉制度，把讀書、應考和做官三者緊密結合起來，揭開中國科舉史上新的一頁。

　　隋文帝楊堅建立隋朝後，建立以尚書、門下、內史三省以及尚書省六部為核心的朝政機構。

　　隋朝中央機構主要由三師、三公、五省、三台、九寺、五監組成。

三師，指太師、太傅、太保，既無職事又無僚屬，只用以表示對大臣的尊崇。三公，指太尉、司徒、司空，雖可參議國政，但其位常缺。

五省，隋文帝楊堅時指尚書省、內史省、門下省、祕書省、內侍省。隋煬帝楊廣時改內侍省為殿內省，仍為五省。

五省中最重要的是尚書、內史、門下三省。三省長官同秉大政，都是宰相。至於祕書省和內侍省，前者管理經籍，後者侍奉皇帝日常生活。

尚書省是最高行政機構，名義上的長官是尚書令，但不輕授，實際上由左、右僕射分職治事。下設吏部，主管文官的選用和考課；禮部，主管學校和禮樂；兵部，主管軍籍和馬政；都官部，主管司法刑政；度支部，主管國家財稅；工部，主管工程建設。

六部之長稱尚書。每部又有四司，凡二十四司。隋初司官有侍郎、員外郎。隋煬帝時，以侍郎為六部尚書的副職，各司設郎、承務郎。

內史省是中樞制令機構，前身是中書省，隋代因諱改稱。長官是內史令，其屬有侍郎、舍人、通事舍人、起居舍人、主書錄事。

門下省是隋初是侍奉諫議機構。長官是納言，副職是給事黃門侍郎，隋煬帝時候去掉「給事」二字，另加置給事郎，屬官有錄事、通事令史。又有諫議大夫、散騎常侍等，均為諫官。

隋煬帝不喜人諫，省去諫官之職。隋初，門下省還統有殿內等局，負責皇帝的日常生活。

至此，中央核心機構完成了從秦漢三公九卿制向三省六部制的過渡。特別是尚書省下六部二十四司的行政格局，更為唐以後各代相沿不改。

隋代的三台是御史台、謁者台和司隸台。御史台是監察機構，長官是御史大夫，屬官有治書侍御史、侍御史、殿中侍御史、監御史。謁者台、司隸台為煬帝所設，分御史台之權。

隋文帝設十一寺，隋煬帝時改並為九寺。九寺是太常寺、光祿寺、衛尉寺、宗正寺、太僕寺、大理寺、鴻臚寺、司農寺、太府寺。九寺分掌禮儀、膳食、禁衛、宗室、車馬、刑辟、屬國朝會、上林、太倉、府庫、京市等事。各寺長官為卿、少卿。

五監是國子監、將作監、少府監、都水監、長秋監。分掌學校、營造、內府器物、河堤水運、內廷侍奉等事。

九寺五監與尚書省六部二十四司有些職能似有重複，但重心不同，前者是具體辦理所屬事務，後者則從制令角度總領行政事務。如禮部掌禮樂典章制度，但行大禮大祭時，一應器物、人員的安排，則由太常寺承辦。這種分工一直延續到明清。

隋代選拔官吏的方式，是由國家設立科目，定期舉行統一考試，透過考試來選拔官吏，這種做法，也叫「開科取士」。這是中國古代科舉制度的最早起源。

選賢任能：歷代官制與選拔制度

中古時期 科舉選拔

　　西元五八二年，隋文帝下詔推舉賢良，五年後又下令罷
州郡薦舉，命各州每年貢舉三人，進行考試，得高第者為秀
才。隋文帝還要求京官五品以上據此推舉人才。隋文帝的這
一創舉，到隋煬帝時得到進一步發展，隋朝在地方設州學、
縣學，並要求這些學校向朝廷舉薦人才。在整個隋朝，大約
舉行了四五次考試，開始考取的叫秀才，後來考取的才叫進
士。隋朝的「進士」、「孝廉」和「秀才」都由州郡地方長
官推舉。

　　不同的是，進士由州郡推薦後，再由朝廷進行策試，以
策試的成績作為錄取的標準、孝廉則以德行為重，但考試成
績不作為標準。秀才考試要求比進士尤為嚴格，所以應舉者
極少。隋朝科舉屬於初始階段，考試沒有定期，考試辦法也
不完備，但開科取士這個政治措施，把讀書、應考和做官三
件事緊密聯繫了起來。隋朝的科舉是察舉制向科舉制的過渡，
開創了中國考試制度的新紀元。

閱讀連結

　　楊堅在稱帝後，吸收了北周被自己滅掉的教訓，加強對
地方的控制。他把自己的兒子們封到各地去駐守，掌管當地
及周圍的軍事。

　　為了更好地治理國家，他罷黜了一些沒有才幹的大臣，
包括對自己奪取帝位有功的人，將一些有真才實幹的人提拔
上來，輔佐自己管理國家政務。

在政權基本穩定之後，他便開始了一系列的改革，包括中央和地方的政治體制、賦稅、土地制度、法律、錢幣、對外關係等方面。隋文帝楊堅堪稱一個有功績的皇帝。

▌唐朝完備的官吏制度體制

■唐太宗李世民畫像

唐朝的政權組織形式比較合理，它繼承和發展了前代的三省六部制，既可相互制約，又分工明確。

同時，唐朝在官吏的選拔、任用、考核、獎懲、監督等方面，也制定了與之相應的制度，使官吏體制更為合理。

唐朝官制一定程度上確保了政務清明，因而迎來繁榮昌盛的盛唐氣象，創造中國封建社會最昌盛的時期。

　　唐初官制基本承襲隋制三省六部制，唐太宗李世民為了加強中央集權，逐步加以改革，使制度日趨完備。他不僅建立了完備的中央機構，強化地方政權，同時建構出行之有效的行政機制。

　　唐朝中央機構由政事堂、台省、卿監、南北衙衛軍及東宮官屬幾個部分組成。

　　政事堂在唐初設於門下省，為宰相議事之所。唐朝宰相注重集體共同論執朝政，而不以個人尊官獨掌相權。尚書省長官無加銜的不是宰相。

　　唐玄宗時改政事堂為「中書門下」，下設吏、樞機、兵、戶、刑禮五房，分曹辦事，從議事所變為辦公處。唐後期宰相的名號基本是「同平章事」。

　　台省指尚書省、門下省、中書省和御史台。

　　尚書省是最高政務機構，負責執行經中書省起草、門下省審核、最後由皇帝批准的各項詔令。長官是尚書令，因唐太宗即位前曾任此職，此後臣下不敢居此職，遂以左右僕射為尚書省長官。

　　尚書省有一個總機關，稱尚書都省。都省中設尚書左丞和尚書右丞，分掌左右兩司，左司管吏、戶、禮三部，右司管兵、刑、工三部。都省通常不直接參與六部事務，只是實行政務督察。

　　門下省是對中書省起草的詔令、尚書省擬制的奏疏進行審議的機構，有封駁權。封是封還詔書使不下行，駁是駁正百司奏抄公文失誤之處。

長官為侍中，副長官為門下侍郎。具體執行封駁職事的是給事中。門下省分設左右散騎常侍、左右諫議大夫、左右補闕、左右拾遺，均為諫官。門下省與中書省關係最密。

中書省是由隋朝內史省改置，曾先後改名西台、鳳閣、紫微省，後仍復名中書省。主要職掌是起草詔命，頒發制敕。長官是中書令。副長官是中書侍郎。具體負責起草詔敕的是中書舍人。

御史台是最高監察機構。武則天時曾改為左、右肅政台，分察朝官和郡縣，後又改為左、右御史台。

唐代不僅在諫官的組織方面進一步完善，而且在實際運行中也很有特色，特別是唐太宗的時候，諫官職能發揮得比較充分。著名的諫官就是魏徵。魏徵以直諫敢言著稱，是中國史上最負盛名的諫臣。

唐代擔任中央警衛任務的軍隊是南北衙禁衛兵。南衙十六衛，沿隋代十六衛府而設；北衙諸軍是「安史之亂」後逐漸形成的。北衙禁軍中以左右神策軍勢力最大。北衙禁軍形成後，南衙諸衛漸成閒司。

東宮官與隋代相仿。除設太子三太三少外，還有太子賓客，職務是侍從規諫，贊相禮儀；侍讀，負責教習太子，講導經學。又置詹事府，改隋門下、典書二坊為左右春坊。左春坊側重規諫，駁正啟奏；右春坊側重獻納啟奏，宣傳令言。

唐代官制中一個重要的特點，是在一般行政系統之外，另有使職差遣。所謂使職差遣，指臨時派某官辦某事，事畢則罷。中央重要的使職有翰林學士和宦官四貴。

中古時期 科舉選拔

　　翰林學士始設於唐玄宗開元年間。選朝官中有詞藝學識者充任，不計官階，也無官署，只是輪班在宮內學士院住宿，備皇帝諮詢，代擬詔誥文書。

　　由於翰林學士經常在皇帝左右侍奉，參與謀劃，極為尊榮，日後往往可以任宰相。唐憲宗時，置學士承旨一人，為翰林之首，時稱「內相」。

　　宦官四貴指左右中尉和二樞密使。中尉原指左右神策軍的監軍，唐德宗時候改名，是北衙諸軍的實際統帥。樞密使的職責是接收章奏，進呈皇帝；皇帝有所命令，樞密使則傳達中書門下施行；與宰相共參國政。宦官四貴分割了將相事權。

　　唐穆宗後，皇帝的廢立生殺幾乎都有宦官四貴的參與。唐後期宦官專權，主要就是指四貴把持朝政，其中樞密使還有「樞相」之稱。

　　唐代的地方官制也很完備。「安史之亂」前，地方分州或府、縣兩級。州或府設刺史，縣設令。這兩級職官配備了有效的下屬，並各司其職。

　　唐代為管理周邊地區，又設置了都督府和都護府。都督府初稱總管府。都督府設官與府州相仿，唯長官稱都督。有大、中、下都督府之分。大都督府都督由親王遙領，長史主持事務。通常都督總領所管諸州軍事防務，同時兼任所在州刺史，不過在「安史之亂」後被廢除。

　　都護府與都督府不同，都督府主要任務是掌督所轄州的軍事，都護府具有管理羈縻府州的職責。羈縻是籠絡的意思，

所謂羈縻府州，是指仿內地府州而設在少數民族地區的一種行政單位。

都護府分大都護府和上都護府。大都護府設官有大都護、副大都護、副都護；上都護府設官有都護、副都護。唐代先後設置有安西、北庭、蒙池、昆陵、單於、安北、安東、安南這八個都護府。

唐代地方還有道的設置，前期為監察區，中央不時派出各種使節巡省。唐太宗時候分十道，唐玄宗時候增至十五道。唐後期為四十道。

「安史之亂」後，道逐漸凌駕於州府之上，又稱方鎮。道設節度使或觀察使。節度、觀察都是使職差遣，下有文職和武職。中唐以後，節度使權力擴大，逐漸成為一方軍政首腦。

唐代還有關於財政方面的使職，如度支、轉運、租庸、鑄錢等使，名目不一，或分或合。最重要的是鹽鐵轉運使，駐揚州，又分設巡院於各地，對唐後期的財政有重要影響。

唐代職事官包括台省、卿監、南北衙諸衛軍官、東宮官屬及州縣各級官員，都有品級。分九品，每品又分正從，四品以下正從再分上下，共三十個等級。九品以上，統稱流內官。

唐代散官又稱階官，有文武之分，各有九品二十九階。職事官與散官不完全一樣。散官按資歷升遷，職事官則量才選用。官員俸祿與散官品階相關，所以唐代更重階官。

中古時期 科舉選拔

　　唐代勛官不僅獎勵軍功，而且還擴大到文職。勛級共有十二轉，以轉數高者為貴。十二轉為上柱國，是正二品。以下為柱國、上護軍、護軍等。一轉為武騎尉，視從七品。勛官並無實際職任，只是榮譽稱號。

　　唐代封爵九等，依次為正一品的王，從一品的嗣王、郡王、國公，從二品的開國郡公、開國縣公，從三品的開國縣侯，正四品上的開國縣伯，正五品上的開國縣子，從五品上的開國縣男。爵位主要授予宗室，功臣也可以獲得國公以下爵位。

　　唐代王公百官俸祿分為土地、實物及貨幣三種。土地又分永業田、職分田，前者按勛、階授給，後者按職事官品級授給。祿俸給糧和錢，均以散官品階為標準。唐制封爵有食邑，親王以下至男爵的食邑都是虛封。

　　唐代官吏管理制度可以分成嚴格官員選任制度、實行官員考核獎懲制度以及健全官員監督制度。

　　唐代官吏的選拔方式主要有科舉、門蔭和入流。科舉即「分科舉士」，按科目性質又可分文舉、武舉；門蔭是指因父祖為高官，子孫無須經過考試而直接取得做官的資格；入流就是流外官員經過考銓，升職為流內官員。

　　其中科舉是選拔人才的主要方式。通過考試取得做官的身分，就獲得了進一步考官的機會，經過吏部的考試，最後真正成官。

唐代任官考試由吏部負責，並以身言書判四項為考試內容。筆試、口試結束後，根據考試成績並綜合考察官員的品德、才能、勤勞等諸多方面，予以評定品級，最後正式委任。

在科舉選拔官員的基礎上，唐代又對官吏的功過、品行和才能等規定了一套考核制度，定期對官吏進行考核評定，並根據考核結果對官吏進行升降賞罰。

考核制度包含考課與獎懲。

考課制度就是考核政事的優良得失和考核官員的功過善惡。唐朝所有官員不論職位高低，每年都需經過一定的考課，稱之為小考；每隔三五年，又舉行一次大考。

對官吏的考課工作是由尚書省的吏部主管，具有嚴格的標準和具體的內容，最後評定上、中、下三等九級，依據不同等級予以不同程度的獎懲。

獎懲制度以考課制度為基礎，國家依照所頒布的法令和行政規則，在一定的年限內，對各級官吏進行考核，並且依其表現區別等級，予以升降賞罰。

考課列於中等以上的官吏有機會升官加祿，反之就要降級罰祿；情節嚴重的，甚至要受到罷官的處分。

唐代官吏的監督制度已經相當健全和成熟，包含考核、御史台與諫議制度三個方面。

唐代「考課」制度造成對百官進行監督的作用，藉由定期對官吏的考核評定功過，保證官員依法行政，使國家政績得以保障。

　　唐代設有負責監察的御史台。御史台是獨立於其他機構之外的專門的監察機關，主要職責是對國家政策、法令的執行情況，以及最高統治者執行政務的情況進行監督，提出意見或批評，甚至可直接對皇帝本人進行規諫。

　　透過對官僚的全面監督，確保中央及地方各級官員依法行政，提高行政效率和質量，鞏固中央統治。

閱讀連結

　　唐太宗李世民深得用人之道。

　　有一次，唐太宗責問宰相封德彝為什麼好久也沒有推薦一個人，封德彝回答說：「不是我不盡心去做，只是當今世上沒有傑出的人才啊！」

　　唐太宗回答：「用人跟用器物一樣，每一種東西都要選用它的長處。古來能使國家達到大治的帝王，難道是向別的朝代去借人才來用的嗎？我們只是擔心自己不能識人，怎麼可以冤枉當今一世的人呢？」

　　唐太宗既能用人之長，又能容人之短的用人之道，讓封德彝汗顏。

近古時期 德才兼備

五代十國至元代是中國歷史上的近古時期。五代十國是唐末藩鎮割據的繼續和發展，分裂局面下的選官用官制度異常混亂。

宋代官僚機構的臃腫龐大，是造成宋朝「積貧積弱」的一個極其重要的原因。元朝建立和統一後，以中書省領六部掌全國政務，三省六部制演變成為一省六部制，中央集權進一步加強。

但元朝的民族歧視，導致官僚機構往往難以有效運作。

整體而言，專制主義中央集權的強化是這一時期的發展軌跡，其影響同樣深遠。

▌五代十國時期的官制

■五代大梁王朝建立者朱溫畫像

　　自從朱溫篡奪唐王朝後，中國歷史進入了「五代十國」
時期。五代十國是連接唐、宋兩大王朝的五個小朝廷和十個
割據政權。

　　五代十國官制大體沿襲唐制，朝廷以三省六部為主幹；
地方官制也是州、縣兩級，重要城市設府。

　　除此之外，各割據政權在對峙的局面下，國家還建立了
相應的武裝力量體制。五代十國官制廢置不常、混亂繁雜，
但這恰恰反映了這個特定時代的歷史面貌。

　　五代是後梁、後唐、後晉、後漢、後周。除後唐建都洛
陽外，其餘都建都開封。十國是前蜀、後蜀、吳、南唐、吳越、
閩、楚、南漢、南平、北漢。北漢建國於今山西境內，其餘
九國都在南方。

五代十國的中央行政機構，主要設有主管行政的三省六部、主管財政的三司與主管軍事的樞密院，這個制度後由宋朝繼承。

三省為尚書省、門下省與中書省，下設六部尚書，並分司辦事。

五代方面，後梁朱溫重新設置唐朝空置的尚書令，並且定為正一品，改唐朝的尚書左右丞為左右司侍郎。又設中書門下省，置「中書門下平章事」，改司政殿為金鑾殿，設大學士一員，以崇政院使敬翔為金鑾殿大學士。

後唐李存勗恢復唐朝舊制，並訪求唐時宦者悉送京師，於是宮內各執事和諸道監軍都用宦官。他採納宦官的建議，分天下財賦為內外府，州縣上供者入外府，充經費；方鎮貢獻者入內府，以便給賜左右。其宦官跋扈之勢儼然重現，引起朝臣不滿。他還設左右僕射，與尚書左右丞均為正四品。

五代基本地沿襲了唐朝中後期的中書門下制度。中書省和門下省的官員品級比唐朝高，其長官侍中在唐代宗以前均為正三品。後晉的石敬瑭也擔任前朝中書令，石敬瑭建立後晉時，中書令和侍中均為正二品，左右常侍從三品升為正三品，門下侍郎從正四品升為正三品。

十國方面，設有等同於宰相的官職，如楚、吳的左右丞相，吳、南漢的參知政事，吳的參相府事等，都等同於宰相的職稱。

三司使專管財務，至五代時才確定。早在唐朝時就有戶部、度支、鹽鐵等三司分管租稅、財務收支和鹽鐵專賣、物

資轉運事務。後唐曾設置租庸使以管轄三司，最後正式設置三司使和副使以管理朝廷財務。地方財政也需聽從三司使的命令。其後歷朝相承不廢，宋朝設置的三司就是緣自五代。

樞密院掌管軍事，又大多為武將。樞密使掌握軍事，實權往往超過宰相，可直接下令任免藩鎮，所以通常是由皇帝最親信的臣僚充當，有時又以宰臣兼任樞密使。

例如在西元九五九年，後周世宗柴榮命范質（當時的司徒平章事）與王溥（當時的禮部尚書平章事）參知樞密院事，借此以加強文人官僚制度。早在唐代宗時就以宦官掌樞密，所統領的左右神策軍護軍中尉與兩樞密使共稱「四貴」。此後宦官往往侵奪相權，甚至廢立皇帝。

唐朝後期，朱溫大殺宦官，至此開始用朝臣充任樞密使。朱溫建立後梁後，改樞密院為崇政院，改樞密使為崇政使。

西元九二三年，李存勖又復稱樞密院，並設樞密使與副使。後晉曾以宣徽使代之，但不久又恢復。中書和樞密對掌文武兩柄的方式，最後由宋朝所繼承，而十國等各國或地方藩鎮也大抵置有樞密使或相當於樞密使的官職。

五代十國的地方官制繼承唐朝後期的形式，即道、州、縣三級行政。五代注重對地方官的考課，令其忠於職守，後梁、後唐皇帝都詔諭吏部注意州縣官不得姑徇私情。

五代各朝帝王多出自唐時藩鎮割據的節度使，全以牙兵即親軍擁立攫取皇位，所以他們非常注重親自控制親軍，強化對中央禁軍的統御。但由於封建割據日趨嚴重，朝代更迭頻繁，各個割據政權的軍事制度十分混亂。

五代時期的武裝力量可分為中央禁軍、地方軍和鄉兵。中央禁軍為軍隊主力,包括禁衛六軍與侍衛親軍兩部分,皆由皇帝直接控制。六軍一般各分左、右,實為十軍以上。

中央軍的編制,在五代各朝不甚一致。單以後周為例,其侍衛親軍和殿前軍逐漸形成廂、軍、指揮即營、都四級編制序列。

廂分左、右,每廂轄十軍,設廂都指揮使一人,每軍轄五指揮即營設都指揮使、都虞侯各一人;每指揮轄五都,約五百人,設指揮使、副指揮使各一人;每都一百人,步軍設正副都頭或軍使、馬軍設正副兵馬使各一人。

後周殿前軍置正副都點儉、正副都指揮使、都虞侯各一人,統領散員、散指揮、散都頭、內殿直、散抵候、東西斑承旨、大劍直等諸班直。諸班直都選拔驍健的武士編成。

五代各朝軍隊體制多變且名號繁多。後梁六軍有龍虎、羽林、神武、天武、英武和天威。後梁以六軍諸衛為中央禁軍,並始置侍衛馬步軍為皇帝親軍。六軍諸衛內統軍和將軍統領,侍衛親軍則由皇帝自統。

後唐初以馬步諸軍為總管,統治諸部騎兵及漢兵,後改用唐制,以侍衛親軍都指揮使兼判六軍諸衛事,成為中央直轄各軍的統帥。

後晉將侍衛馬步軍都指揮使升為最高統兵官,統領全部禁軍,六軍諸衛制遂廢,侍衛飛步軍成為中央禁軍的總稱。後漢沿後晉之制。

選賢任能：歷代官制與選拔制度
近古時期 德才兼備

　　後周將護聖改名龍捷馬軍，隸屬侍衛司，與殿前司之鐵騎馬軍等後周中央禁軍中四大主力。

　　另增殿前都點儉，統領殿前諸班馬步諸軍，與侍衛馬步軍平列，形成殿前與侍衛兩司分享中央禁軍的體制。

　　五代的地方軍自鎮以上置使掌管軍事，如節度使、觀察使、防禦使、團練使、刺史等，且冠以地域名稱。州鎮軍、郡主將以上軍職，由朝廷任免。

　　戰時，各級所轄軍隊奉詔出征，分設招討使、都統、行營都指揮使等率領作戰。將帥之職則由受命征伐的蕃帥充任，戰畢即免。

　　地方軍多襲唐末藩鎮舊制，主要由牙軍或稱衛軍編成，屬藩帥自置親軍，實為藩鎮軍。牙軍既是五代軍隊的基礎，也是私人武裝的核心。

　　此外，還有義兒軍，即由藩帥選驍勇善戰者組成的親軍，並以有顯著戰績者任軍使，與藩帥形成密切的依附關係。地方軍主要駐守藩帥治所的地方，兼有征伐與戍邊守備之責，並隨藩帥遷留。

　　由於各鎮轄境大小不同，地方軍編制的牙兵人數不等，少則幾百，多則幾千，有的上萬。基本建制單位為指揮即營，每營約五百至一千人。後唐孟知祥鎮蜀時，有牙兵十六營，共一萬六千人，每營即為一千人。

　　地方軍以步兵為主，馬軍即騎兵居次，水軍也有一定比例。水軍南方十國多於北方，江南的吳、南唐、吳越、楚、

閩和蜀等國皆置；中原五代的後唐置水軍五都，後周也建有水軍。水軍多以指揮使統領，常冠飛棹、樓船、戰棹等名稱。

鄉兵是守衛鄉土的民兵，有時也補正兵不足，應調參戰。鄉兵的組成，多從所在鄉的丁壯中徵集。後唐劍南東川節度使徵集民兵，於劍門北防守水定關。

後晉規定每七家稅戶出一兵，共備兵械、改裝，組成義軍。當時後唐諸州所集鄉兵七萬多，通以「武定軍」為號。後周也在秦州一帶編點稅戶充保毅軍，教習武技，征役時官發口糧。此外，南方十國中也有鄉兵。吳有「團結民兵」，南唐、後蜀、楚有鄉軍或鄉兵，均用以自衛鄉里。

五代主要實行募兵制，也強徵民間壯丁入伍。後梁募兵後為防止逃亡，標明隸屬關係，實行「皆文其面，以記軍號」的制度，如幽州節度使劉仁恭規定，凡境內男子，無貴賤，十五歲以上、七十歲以下，皆刺「定霸都」三字，共得眾二十多萬。有些藩鎮牙軍的兵士，父子相襲，世代為兵；國家甚至會徵調諸郡死亡將士兄、弟、子、侄服役。

例如，李存勗曾將其境內丁壯，悉驅南征決戰以救上黨之急；後唐發民為兵，自備盔仗；後晉在頻年災荒、百姓飢疫的情況下，兵士不足則擴大年齡標準，戰騎不足則借來別人的馬匹。後周太祖郭威曾在西元九五一年，以十戶征招一人為兵，其餘九戶以器物資助。

南方十國也實行強徵入伍的辦法，如吳越先是募兵，久無應者，遂抓壯丁入伍，而且凡是被抓來的，兵糧減半；南唐凡是能披堅執銳的百姓都隨時為兵，並規定一戶有三丁者，

必有一人從軍。此外，五代後期，還實行以降兵隸軍的辦法擴充兵員。

五代時期，除經常的龐大軍費開支外，軍將為驅使部下賣命，對士兵的賞賜很多。後漢高祖劉知遠把後宮所有的資財拿出來勞軍。養軍耗費極大，相沿成習，成為各代的沉重負擔。

鑒於軍隊驕悍，紀律鬆弛，打起仗來往往潰敗等情況，後周世宗決計整頓軍隊。於西元九五四年高平之戰險遭失敗後，先斬不戰先潰的右軍主將以下七十多名軍吏，使將士不敢懈怠；又選諸軍精銳者升為上軍，羸弱者予以遣散；還挑選各節度使屬下的驍勇之士，組成「殿前諸班」，用以削弱地方兵權。這也為宋朝的建立奠定了基礎。

五代的軍事領導體制無法構成穩固系統。與其他軍事體制相比，樞密院是五代十國時期想穩定的軍事領導體制；樞密使一職來源於唐後期，以宦官充任，五代時改由士人充任。

後梁之初尚無統一的全國軍事機構，經過一段時間才逐漸建立起集中的禁軍指揮系統，這就是以樞密使為長的樞密院，進而形成全國最高軍事領導機關。後梁革除宦官掌樞密之弊，改由文士任要職。

後唐沿用唐末樞密院一名，有關內外軍政長官與將帥任命，包括軍隊調發、屯戍，糧食徵調，馬政控制及甲仗發放等軍國要政全由其掌領，但不直接掌管軍隊的指揮。樞密使地位實際高於宰相，並以諸衛將軍充任都承旨、副承旨等屬官。

後晉開始用武將來擔任樞密使，主管征伐。到了後周，樞密院則專掌全國軍務，成為中央最高軍事領導機關。

閱讀連結

李克用懂得用人之道。李克用去世前，曾向晉軍主要將領「託孤」，把兵權交給了長子李存勖。

李克用交給李存勖三支箭，每只箭代表一樁李克用未能完成的功業，代表一個仇敵。一是幽州的劉仁恭；二是契丹的耶律阿保機：三是大梁的朱溫。

不用說，如果打敗這「三大敵人」，天下也將歸於李存勖。此後，李存勖每次出征，都會前往家廟，鄭重地請出一支箭，裝在隨身錦囊裡出征。凱旋之日，再送還家廟。成語「還之以矢」的典故，就是來自這裡。

▌宋朝官制加強了中央集權

■宋太祖趙匡胤畫像

　　宋朝專制主義中央集權達到前所未有的程度，基本上消除了造成封建割據和威脅皇權的種種因素。

　　宋朝政治體制的主要特點就是加強中央集權，中樞官制是中央集權的軸心。在宋朝職官制度上，百官權力分散，重文輕武，權力越來越集中到皇帝手裡。可以說，專制主義中央集權的加強是從宋朝逐步發展的。

　　宋朝的中央機構可以分為行政、軍事、財政、司法監察和為皇室服務的機構這五個系統。

　　宋朝行政系統，最高長官仍為宰相，其特點是官名變化多，且權力小於前代。

宋初，沿唐後期和五代制度，設中書門下。中書門下設於宮中，又稱政事堂，為正、副宰相治事之所。正宰相稱同中書門下平章事，副宰相稱參知政事，各設一至三人。下設孔目、吏、戶、兵禮、刑等五房，置檢正五房公事、提點五房公事等官，處理具體事務。

宋神宗改革官制，撤銷中書門下，恢復唐初三省六部制度，以尚書左僕射兼門下侍郎為左相，尚書右僕射兼中書侍郎為右相，以門下侍郎、中書侍郎、尚書左右丞為副相。

宋高宗又以左、右僕射兼同中書門下平章事為宰相，參知政事為副宰相。又改左、右僕射兼同中書門下平章事為左、右丞相，仍以參知政事為副宰相。

北宋前期，三省六部二十四司幾同虛設，很多官稱失去了原有的意義，不代表具體職務，僅作為官品高低、俸祿多寡的依據，稱為寄祿官。

真正權力轉向一些新設置的機構，如掌管軍政的樞密院，總管財政的三司，掌管制、誥、赦、敕、圖書的學士院，掌受天下奏狀、案牘及頒布命令的銀台司、通進司、發敕司，負責中下級文武官員任命、考核、黜陟的審官東院、流內銓、審官西院、三班院，負責禮儀的太常禮院等。

宋神宗改制後，除少數機構外，這些機構大多陸續被撤銷，恢復三省六部二十四司的職能。原中書門下之權分屬三省，中書省取旨，門下省覆奏，尚書省施行。三省成為最高政務機構。六部除兵部外，其他五部也得到充實，特別是吏部，不僅管中低級文官，而且管武官，職權比唐代有所擴人。

選賢任能：歷代官制與選拔制度

近古時期 德才兼備

　　南宋時候，中書省與門下省合併為中書門下省，與尚書省實為兩省，但習慣上仍稱三省。三省不另設長官，由宰相、副相通治或分治三省事務。六部設官減少，各部或由尚書或由侍郎主持部務。二十四司亦有所節省合併。

　　宋朝寺監設置有太常、宗正、光祿、衛尉、太僕、大理、鴻臚、司農、太府九寺，國子、少府、將作、司天、軍器、都水六監。北宋前期九寺六監中，除大理寺、國子監、司天監、都水監、軍器監外，與三省六部情況相仿，名存實亡，職權被其他機構奪取。

　　宋神宗改制後，撤銷司天監，另設太史局，九寺五監始各專其職，設官職掌，一如唐制。但各寺職務繁簡不一。

　　南宋時候，各寺監有所省併。如鴻臚寺、光祿寺併入禮部，衛尉寺、太僕寺併入兵部，少府監、都水監就併入了工部。

　　北宋樞密院是總管全國軍事的最高行政機構，與中書門下並稱二府。樞密院長官為樞密使或知樞密院事，次官是同樞密院事或樞密院副使，資歷再次者則稱簽書樞密院事或同簽書樞密院事。

　　樞密使的地位相當於同中書門下平章事，副使相當於參知政事。樞密院主次官與參知政事同稱「執政官」。宰相與執政官又合稱「宰執」。樞密院下設兵、吏、戶、禮諸房，置都承旨、副都承旨，分管各種具體事務。

宋朝樞密院長官多由文人擔任，不用宦官，武將任此職者也極少，僅狄青、曹彬、王德用數人。樞密院有調兵之權，但不直接統領軍隊。掌管禁軍的是三衙。

宋初沿用後周制度，設殿前司與侍衛司。但殿前都點檢、副都點檢與侍衛司的都指揮使、副都指揮使、都虞侯，逐漸不再任命。以後，侍衛司又分裂為侍衛馬軍司和侍衛步軍司，與殿前司合稱三衙。三衙長官都稱都指揮使，副職有副都指揮使、都虞侯。其屬有指揮等武官。宋初三衙長官有統兵出征者，後來則無。

樞密院與三衙互相牽制，平日樞密院掌握調兵權，三衙掌握管理訓練權，統兵出征時則另外遣將，三者都不能擁兵自重，從而防止了宋朝兵變的發生。

宋朝財政系統，國家財政管理的主要機構是三司和三部。三司即鹽鐵部、度支部、戶部。三部各設正使、副使、判官。三司使稱計相，地位略低於參知政事。

宋神宗改制時，撤銷三司，分其職於尚書省戶部，三司使則由戶部尚書取代；由於全國財政大權絕非尚書省所屬戶部所能全面管理，所以北宋後期又有總領財賦官及經制使。經制使主要掌管東南財政。

內庫始於宋太祖建封樁庫，宋太宗時擴大為內藏庫，以後內藏庫規模不斷擴大，收入大，支出廣，朝廷重大財政開支多仰仗於內庫。內庫的主管，多為內臣或專門委派的朝臣，宰相、三司皆不得過問。

選賢任能：歷代官制與選拔制度
近古時期 德才兼備

　　宋朝司法系統，北宋前期有刑部、大理寺、御史台和審刑院。即便刑部掌刑法獄訟，北宋前期刑部職權卻多被侵奪，或由他官兼理，或由御史台來審斷。

　　大理寺負責詳斷各地奏報案件；御史台有推直官和推勘官，負責司法方面的事務：審刑院設於宮中，有知院事一人和詳議官六人。

　　北宋前期，凡案件經大理寺審斷，報審刑院複查，由知院事和詳議官寫出書面意見，上報中書，奏請皇帝裁決。事實上審刑院侵奪了刑部覆審權，成為皇帝直接控制下的最高司法機構。宋神宗詔令審刑院併入刑部，重新恢復刑部和大理寺為最高司法機構。

　　宋神宗改制後，刑部設尚書、侍郎、郎官、員外郎和都官郎中、比部郎中、司門郎中等官職；大理寺置卿、少卿、正、推丞、斷丞、評事、主簿等官職。宋朝大理寺的特點是內部分左、右二寺，左寺斷刑，右寺治獄。審問與判決分別由不同機構官員擔任，可以互相監察，保證司法獨立。

　　最高監察機構仍是御史台。宋朝監察御史無分察地方之責，主要是監察尚書六部。與御史台職能相近的有諫官，設左右諫議大夫、補闕、拾遺等職。

　　宋太宗時改補闕、拾遺為司諫、正言。這些官職，雖名為諫官，但無詔令並不任事。宋仁宗初年正式成立諫院，長官稱知諫院事，以司諫、正言充任。宋神宗改制，廢諫院，以左右諫議大夫、司諫、正言任諫職，分隸門下、中書兩省。

宋承唐制，也設有翰林學士院，並正式成為國家機構。學士院中有翰林學士若干。學士中資歷深者稱承旨。入院未授學士銜的稱直院。

如學士缺，他官暫代學士職務的職權。冠有翰林之名而不屬學士院的有翰林侍讀學士、翰林侍講學士，以在皇帝左右進講書史為職。宋朝翰林學士待遇優異，地位僅次於正副宰相、樞密使和三司使，為群臣所仰慕。

此外，宋朝還新增設殿閣學士，如龍圖閣、天章閣等藏書處，各置學士、直學士、待制、直閣等官。這些官員的職責是管理祕笈，為文學侍從之臣。不過朝官外出也往往加某某閣學士的頭銜，以示恩寵。北宋著名政治家、清官包拯，經常用龍圖閣直學士，就是這類官稱。

為皇帝服務的宦官機構有入內侍省和內侍省。入內侍省，設都都知、都知、副都知、押班等，掌管宮廷內部生活事務，與皇帝、皇后最為親近。內侍省，設左右班都知、副都知、押班等，掌管殿庭灑掃等雜役。太子官署稱東宮官，設置與唐代相同，皆以他官兼任，太子即皇位後即廢。

宋朝地方分路、州、縣三級。宋初沿唐制，將全國分為十道。

宋太宗改道為路，一共有十五路；宋仁宗初年為十八路；宋神宗增至二十三路；宋徽宗時候又增至二十四路；南宋僅存十七路。宋朝的路具有地方監察區和行政區的雙重性質。路的主要機構設置有安撫使司、轉運使司、提點刑獄司、提舉常平司。

　　安撫使司，北宋各路不全設，南宋時普遍設置。長官為安撫使，通常由本路最重要的州府長官兼任。主管一路軍政，同時也兼理民政。南宋前期，安撫使為路的第一長官。

　　轉運使司，最初也是臨時機構，宋太宗時候改為正式機構。長官是轉運使。若兼任兩路以上，官位較高，則稱都轉運使。副長官有轉運副使、轉運判官。主管一路或數路財政和漕運。

　　提點刑獄司，宋太宗時候始設，後罷。宋真宗時候復設，遂成定制。長官是提點刑獄公事，也稱提點刑獄。副長官是同提點刑獄公事，或武臣提刑。主管一路司法。

　　提舉常平司，宋神宗時候始設。長官為提舉常平使。主管一路常平、義倉、免役、市易、坊場、河渡、水利等事。

　　路下的府、州、軍、監同為一級。一般多稱州，領數縣或十幾個縣；國都、陪都以及皇帝即位前居住過或任過職的州稱府；軍事要沖之地稱軍；鹽鐵礦冶之區稱監。

　　開封府稱東京，有時設置府尹，多以太子、親王擔任。如無人任尹，則由待制以上官員充任。包拯曾知開封府事。

　　府設知府事，州設知州事，軍設知軍事，監設知監事。「知」是主持的意思，知州事總管一州的行政、財賦、軍事等事。知州通常由中央指派文官充任。又設通判，同領一州之事，對主官有監督之責，各種公文須由通判和知州事聯合簽署才能生效，從而形成了對知州事權力的牽制。

　　地方行政最低一級為縣。縣分京師內的赤、京城外的畿、四千戶以上的望、三千戶以上的緊、兩千戶以上的上、一千

戶以上的中、不滿千戶的中下、五百戶以下的下這八等。縣設令，如以京朝官領縣事，則稱知縣。

縣令或知縣負責全縣之民政、財政、獄訟等事，若縣有駐軍，則兼兵馬都監或監押。屬官有主簿和尉。主簿分管官物和簿書，尉在主簿之下，分管訓練弓手，維持治安。令、主簿、尉，常不全置。

北宋前期的官品為九品三十階。宋神宗改制，重訂官品，設九品正從十八級。

北宋前期散官階也沿用了唐制，為官吏的一種附加性官銜。文散官從開府儀同三司到將仕郎，共二十九階。

武散官從驃騎大將軍到陪戎副尉，共三十一階。勛官十二階，與唐制相同。宋徽宗曾罷文官勛官，南宋時又恢復。

宋朝爵位分為十二級：王、嗣王、郡王、國公、郡公、開國公、開國郡公、開國縣公、開國侯、開國伯、開國子、開國男。凡有爵位的都有食邑，以戶為單位。不過食邑是個虛數，食實封才是實數。食實封者，按實封一戶每日計錢二十五文，隨月俸向官府領取。

宋朝官員正俸多以錢計算，祿粟以糧食計算，春秋服裝以匹帛計算。不過有時應發放實物的也折合成錢。除俸祿外，還有各種名目的額外補貼。

高級官員也有食邑之封，地方官有職分田。總的說來，宋朝官員的物質待遇在歷史上各朝代中要算最優渥的了。

近古時期 德才兼備

　　宋朝官吏的選任，沿用唐代科舉制度，但宋朝由於經濟的發展和門閥制度的衰落，科舉考試向庶族地主及中小地主知識分子廣泛開放。對於士大夫，只要文章、詩賦合格，就可錄取。這也是擴大統治階級基礎的重要措施。

　　宋朝建立了一套監察官員的瀆職懲處制度、選拔的標準和職務迴避制度。宋朝對具有紀委職責的監察官員有著嚴格的規定，甚至監察官違反出巡制度都要受到處罰，還特別規定了監察官失察、自身貪暴受懲處的制度。對於失察的監察官，將給予嚴厲的處罰。

閱讀連結

　　北宋初年的一天，宋太祖趙匡胤按照慣例會見當年新考上的進士。新錄取的進士有十一人，諸科二十八人。

　　這些未來官場的後備官員來到皇帝日常主持重要會議和政務活動的講武殿，接受皇帝的接見。簡單的試探之下，宋太祖居然從中間揪出了兩個作弊錄取的人。

　　宋太祖藉著這樣一個事件，為科舉考試增加了一道新的考試程式，那就是讓士子與皇帝面對面地殿試。這樣一來，皇帝就把對文官的選拔權牢牢地攬在了自己的手中。

遼夏金官制各具特色

■契丹武士復原圖

遼、夏、金與中原的宋朝屬於多個民族政權並立，並有自己的民族特色。這段期間，北方遊牧文化區的各民族不斷借鑑中原漢族農耕文化區優秀的政治體制，各自形成中國官制史上獨具特色的官制，促成各遊牧民族的轉型，也豐富了中國古代的官制度。

遼、夏、金各個政權富有特色的官制體系，對後來的元明清時期官制的進一步發展產生了一定的影響，更為近代官制的發展奠定了基礎。

遼是契丹人建立的政權，創建者為耶律阿保機。遼逐步形成一套雙軌官制，就是在皇帝之下分設遼官和漢官兩大系統。

選賢任能：歷代官制與選拔制度

近古時期 德才兼備

　　遼官稱北面官，是契丹自立的制度；漢官稱南面官，是入居漢地以後仿照唐、宋制度而設置的。遼官、漢官官署分設於皇帝牙帳的北面、南面。這種雙軌官制在中國官制史上尤具特色。

　　北面官大體可以分為四大類：

　　第一類，管理契丹部族事務的機構。契丹建國前分為八部，建國後把八部分編為北府和南府，分別由北府宰相和南府宰相統管。

　　北府宰相通常由皇帝的親族成員充任，南府宰相由皇后的親族成員充任。皇帝稱天皇帝，皇后稱地皇后。地皇后權力很大，可參與軍國大政。遼聖宗母承天皇后蕭綽，裁決國事長達四十年之久，是中國歷史上很有影響的皇后。

　　第二類，管理皇族、后族事務的機構。大惕隱司，設惕隱、知惕隱司事、惕隱都監，掌皇族之政教。大國舅司，設常袞、太師、太保、太尉、司徒、司空等官，掌后族事務。

　　又有北、南宣徽二院，北院設知北院宣徽使、知北院宣徽事、北院宣徽副使、同知北院宣徽事，南院亦如之。掌北、南二院御前伺候和照應之事。

　　第三類，政務機構。在北面官中，北樞密院地位最高、權力最大。設北院樞密使、知北院樞密使事、知樞密院事、北院樞密副使、知北院樞密副使事、同知北院樞密使事、簽書北樞密院事。其中的北樞密院掌握軍權，以後發展到司法、刑獄、賦役、職官無所不統，成為實際的宰輔機構。

第四類，軍職機構。北面軍官按宮帳、部族、屬國等各自為軍。設天下兵馬大元帥、副元帥，由太子、親王擔任。各軍設大將軍府，統所治軍之政令。

在遼初建時，朝官中設有政事令、左右尚書和漢兒司。政事令相當於中原王朝的宰相，左右尚書相當於副相，漢兒司主管漢族事務。

與北面官相同，南面官中最重要的是南樞密院。南樞密院設官與北樞密院相同，掌管漢軍兵馬之政，下設吏房、兵刑房、戶房、廳房等機構。

南面官中比較重要的是翰林院。翰林院是掌管起草漢字文書、詔令的機構。契丹人任翰林職的稱南面林牙。南面官不全是漢人，也有契丹人。

遼朝設有五京，即上京臨潢府、中京大定府、東京遼陽府、南京析津府、西京大同府。遼五京中的東、中、南三京各設宰相府，有左右相、左右平章政事。五京皆設留守司，為南面官。五京轄區稱道，有上京道、中京道、東京道、南京道和西京道。契丹族主要分佈在上京道、中京道，首領稱令穩。

遼聖宗時候有五十一部，首領改稱節度使。此外還有一種特殊的建置，稱頭下軍州。這是遼諸王、外戚、大臣及諸部將以俘掠的人口，建立起州縣，集中奴役的一種形式。東京、西京、南京各道沿用唐代制度，設州縣，州有節度使、刺史，縣有縣令。

選賢任能：歷代官制與選拔制度

近古時期 德才兼備

　　遼朝滅亡後，西遼皇帝自稱「葛兒罕」，意為「汗之汗」，駐地稱「虎思斡耳朵」，即契丹皇帝的屯營。西遼王朝透過汗國的可汗及各部族首領管理各地，同時派沙黑納對各地實行監督。

　　西夏簡稱「夏」，是党項族建立的國家，創建者為拓跋部的李元昊。党項早在隋代開始「歸化」中原王朝，李元昊的先祖在唐代被封為夏州定難軍節度使，賜姓李。

　　李元昊之父德明也曾被宋朝封為西平王。在西夏建國前後的十多年中，李元昊建立了一套模仿唐宋官制的官僚系統。

　　西夏的中書主管行政，其屬有侍郎、散騎常侍、遼代官員出行圖諫議大夫、舍人、司諫等官。樞密與中書對持文武二柄，主管國家兵防邊備，其屬有樞密、同知、副使、僉書、承制等官。

　　三司主管國家財政貢賦，其屬有正使、副使、鹽鐵使、度支使等官。御史台主管司法監察，其屬有御史大夫、御史中丞、殿中御史、監察御史等官。

　　李元昊增設尚書令一職，總理西夏國一切庶務。尚書令是名副其實的宰相，改變了西夏早期官制中百官無首的狀況。

　　西夏官制經過進一步調整後，改宋朝二十四司為十六司，如經略司、正統司、統軍司、承旨司等。中書機構增設各部尚書、侍郎，又增設南北宣徽使及中書、學士等官。這些變化使西夏官制與中原王朝官制更為接近。

　　西夏除模仿中原王朝官制外，還保留原有蕃官體系，如寧令即大王、謨寧令即諸王、祖儒即大首領、呂則即首領、

樞銘即副首領等。蕃官的設置，目的在於保證党項貴族在中央政權中的主導地位。

此外，由於宋朝與西夏的交往，有關宋朝文獻中還保留不少蕃官的名號。這些稱謂大多為使節名號，反映出蕃官體系在西夏與宋的交往中有重要的職能。

西夏後期官制更趨複雜，且有上、次、中、下、末五品司之分。上等司主要是對持文武二柄的中書、樞密。次等司主要是主管監察、宗教及負責宮廷、京城事務的機構。

中等司主要是管理經濟的部門和行政事務機構。下等司主要是管理邊區的機構。末等司主要是管理手工製造業的機構。此外還有不入品司。

西夏重視佛教，佛教中的高級職銜有帝師、國師、法師、禪師等。帝師地位僅次於皇太子，國師地位也在中書、樞密之上。

管理佛教事務的機構稱功德司。有僧眾功德司、出家功德司和護法功德司。三個功德司與御史台並列次等司，可見佛教在中央政權中的地位。

西夏地方行政分州、縣兩級。州設刺史，縣設縣令。除州縣之外，也有府、郡設置。郡設於邊防要地，多以諸王鎮守，如肅州的蕃和郡、甘州的鎮夷郡、五原郡、靈武郡。

府有興慶府、西平府，號稱東、西京，設官仿自宋朝。府州郡縣也依據職事繁簡及地理位置重要與否，分為上、次、中、下、末五等。在地方行政上，西夏仍保留較強的軍事管

理特色，地方官多由部落首領擔任，並擔任軍事職務，軍權與行政權常常混一。

西夏地方軍有兩廂十二監軍司的設置，即把全部地域劃分為左右兩廂，每廂統六個監軍司，十二個監軍司分駐於重要州府，從而把全境分為十二軍區。十二監軍司共有兵員五十幾萬。每一監軍司設都統軍、副統軍、監軍使各一員，例由党項貴族擔任。下設指揮使、教練使、左右侍禁官等若干，由党項和漢人混合擔任。

監軍司長官實際上成為地方一個區域內的軍政總管。西夏這種軍事管理特色是當時西夏與左右強國為鄰的形勢所決定出來的。

金是女真建立的國家，創建者為完顏阿骨打。金建國之初，推行勃極烈制度。勃極烈是女真語，意思是「治理眾人」，據說，即清代之「貝勒」二字的異譯，也就是官。

金太祖以都勃極烈稱皇帝，太宗以諳版勃極烈居守。其次則有國論勃極烈，相當於宰相；左右國論勃極烈，相當於左右相，都是政府最重要的官員。所屬各部長官叫孛堇，統領數部的叫忽魯。

以後隨著轄區的開拓，金官制也不斷變化。勃極烈制廢除後，全面採用遼、宋官制。設三師、三公、三省、六部、御史台、都元帥府、大宗正府、翰林院、太常寺等。

值得注意的是，三省並不是各自分立，門下、中書二省地位低於尚書省，長官也由尚書省官員兼任。實際上是尚書

省執政，中書省和門下省隸屬於尚書省。到海陵王改革官制，金的官制才大致固定。

海陵王改制後，中央機構重要的特徵是不設三省，以尚書一省為最高行政機構。尚書省設尚書令，是最高行政長官；左右丞相、平章政事相當於宰相，但曾一度廢除；左右丞、參知政事，相當於副宰相。不過尚書令地位過高，逐漸演化為榮譽職銜，真正統領尚書省的是左丞相。

尚書省下又分左、右司，各有郎中、員外郎、都事，分管左、右司事務，並分察吏、戶、禮三部和兵、刑、工三部。六部長官為尚書，下設侍郎、郎中、員外郎。地方如有重大變故，尚書省則向地方派出機構，稱行台尚書省，也簡稱行省。

金中央其他機構大體有：與軍事相關的樞密院，與監察、諫議、司法相關的御史台，與經濟財政相關的機三司，與禮儀、教化、文翰等事務相關的太常寺、宣徽院、祕書監和弘文院，為皇帝家族服務的大宗正府和衛尉司。這些機構大多與宋制相同。

金地方分路、府、州、縣四級。有十九路，分以京為名的路和一般的路。金置五京，有中都、南京、北京、東京、西京。

以這些「京」為名的路置留守司，主管一路政務，設留守、同知留守、副留守等官。又置按察司，主管一路司法監察，設使、副使。兵馬都總管府，主管一路兵馬，設都總管、副都總管等官。一般的路只設都總管府，主管 路軍政。

選賢任能：歷代官制與選拔制度

近古時期 德才兼備

　　路的治所稱府，府設府尹、同知、少尹等官。金的地方官制較為複雜，以諸京留守司留守帶本府府尹兼本路兵馬都總管為第一級，諸府府尹兼都總管為第二級，諸府府尹不兼都總管為第三級。

　　州分節鎮州、防禦州、刺史州，分設節度使、防御史、刺史為長官，總領一州軍政。

　　縣級設令、丞、主簿、尉等。與縣相仿的鎮、城、堡、塞，各設知鎮、知城、知堡、知塞，都是從七品小官。關津路口則設巡檢，負責稽查奸偽盜賊。

　　與州縣並行的還有猛安謀克制度，這是女真內部軍政合一的一種組織。金宣宗以後，猛安謀克制逐漸瓦解。

閱讀連結

　　遼太祖耶律阿保機通漢語，任用韓知古、韓延徽、康默記等有才學的漢人為謀士，並採納韓延徽的建策，置州縣，立城郭，定賦稅，模仿漢地制度來管理在戰爭中俘掠的大量漢人。

　　從此，契丹社會在奴隸製成分仍占重要比重的情況下，封建製成分得以迅速發展。他建立了一支精銳的親軍「腹心部」，確立了森嚴的儀衛制度。

　　在皇權的發展與守舊的契丹奴隸主貴族矛盾日形尖銳時，這支忠誠的軍隊及時出擊，發揮重要的作用。

元朝行省制與分等選官

■元世祖忽必烈畫像

　　元世祖忽必烈統一全國後，國家規模超過中原的漢唐，蒙古汗國原來的官制已不適應變化了的形勢。為了行使有效的國家管理，元代統治者對中原歷代王朝的官制多有借鑑，形成頗具特色的元代官制。元朝不採用隋唐確立的三省制度，而是沿用金朝尚書省制度，更名為中書省，後簡稱為行省。

　　行省制的確立，從政治上鞏固了國家統一，使中央集權在行政體制方面得到保證。這是中國行政制度的一大變革，對後世影響巨大。

　　元朝中央最重要的機構是中書省、樞密院和御史台。

　　元朝沒有採用隋唐確立的三省制度，而是將金尚書省更名為中書省，又稱「都省」。

選賢任能：歷代官制與選拔制度

中書省為管理全國政務的最高行政機構，中央常派中書省宰執帶相銜臨時到某一地區負責行政或征伐事務。這就是元代的行省制。

中書省名義上的長官是中書令，由皇太子兼任，稱行中書令或領中書令，但並不常設，元代只有四個皇太子兼任此職。實際上中書省的長官是右丞相和左丞相，總領省事，裁奪庶政。

元制尚右，右丞相地位高於左丞相。平章政事是丞相的次官，左右丞、參知政事為執政官，統稱宰執。又有參議中書省事，掌管左、右司文牘，並可參決軍國重事。左、右司，各設郎中、員外郎、都事等官。

中書省統領六部。六部皆設尚書、侍郎、郎中、員外郎等。六部職掌與宋朝相仿，唯兵部不掌軍政，只負責郵傳屯牧。元朝曾三次設立尚書省，與中書省分權，但時間都不長。

元朝宰執官名運用十分混亂，原因是相當長時間內被用於賞功加官，到元中期惡性發展，從京官到外官，從文職到武職，往往都被授予宰執頭銜，有時前面加「遙授」字樣。直至元朝後期，加官宰執頭銜才得到控制。

樞密院是最高統軍機構。天下兵甲機密之務，無不由樞密院管理。最高長官樞密使，也不常設，實際上的長官是知樞密院事，下設同知樞密院事、樞密副使、僉樞密院事、同僉樞密院事、院判、參議等官。

元朝樞密院與宋、金樞密院略有不同，即遇有大征伐，另在用兵處分置行樞密院。行樞密院簡稱行院，是臨時性的，事已則罷。

元朝軍隊分宿衛和鎮戍兩大系統。宿衛軍又分怯薛和五衛親軍。怯薛軍入元後仍然保留，處於功勛軍的地位，設怯薛長，歸皇帝親自統轄。怯薛待遇優厚，元代高級軍政官員多出身於怯薛。所以，官員以怯薛出身者最顯貴。

元代文人雕像軍、漢軍、新附軍，其編製為萬戶府、千戶所、百戶所、牌子四級，分別由萬戶、千戶、百戶、牌子頭統率。各級軍官都是世襲，地位高於文官。

御史台是最高監察機構。忽必烈曾說：「中書朕左手，樞密朕右手，御史台是朕醫兩手的。」設官有御史大夫、御史中丞、侍御史、治書侍御史。元代御史台地位高於唐、宋，一改以往以低品位官員監察高品位官員的傳統。

御史台直屬機構有殿中司和內察院。殿中司設殿中侍御史，主管檢查朝廷禮儀、考核京官。內察院設監察御史，主管刺探舉報各種違法之事，有一定獨立性，稱作天子的耳目之司。

元朝還在江南、陝西分設行御史台。江南行台稱南台，陝西行台稱西台。江浙、江西、湖廣三行省十道隸於南台，陝西、甘肅、四川、雲南四行省四道隸於西台。每道設提刑按察司，後稱肅政廉訪司，置使、副使、僉事、經歷等員。

元朝御史台奏皇帝批准後可以自選官員，這在歷朝監察官的設置上是絕無僅有的，反映了元代監察制度的特點。

選賢任能：歷代官制與選拔制度
近古時期 德才兼備

　　元朝是一個開放型的政權，重視利用中外各種宗教加強思想統治，因此設有管理宗教事務的各種機構。最重要的是宣政院和崇福司。

　　宣政院設院使、副使、同知、僉院、同僉、院判、參議等官，主管全國釋教僧徒及吐蕃事務。吐蕃著名佛教領袖八思巴曾為宣政院第一任總領，被尊為「帝師」、「大寶法王」。如吐蕃有事，宣政院另設分院往治。

　　崇福司曾經一度改稱崇福院，掌管也里可溫，即基督教事務，管理本教教士和十字寺即教堂。設官有崇福使、同知、副使、司丞、經歷、都事、照磨等官。據考證，元朝有也里可溫教寺院七十二所。

　　道教則由集賢院兼管。江南道教由皇帝敕封的正一道天師掌領。元朝對各種宗教寺院大加保護，元代玉璽祭祀典禮的太禧宗禋院同時負責對寺院的修繕。

　　元朝稱「院」的機構特別多，諸如太常禮儀院掌管禮樂、祭享宗廟社稷、封贈謚號等事；太史院掌管天文曆法之事；太醫院掌管醫藥和各種醫藥機構，同時制奉御用醫藥；通政院掌管全國驛站，後分置大都、上都兩院；中政院掌管皇后宮中財政、營造、供給；翰林兼國史院負責擬寫詔令，纂修國史；集賢院負責學校和徵集人才，同時兼管道教、陰陽、占卜等事。

　　此外，還有稱「府」、「寺」、「監」、「司」的機構。稱「府」的有大宗正府，設扎魯忽赤若干，由諸王為之長，

掌管治理諸王、駙馬以下蒙古、色目人的刑名訴訟，也兼管蒙、漢相關的刑獄。

稱「寺」的機構設卿、少卿。多為主管斡耳朵的機構。如長慶寺、長秋寺、承徽寺、長寧寺、延徽寺等。蒙元皇帝、皇后的斡耳朵各有私產和人戶，死後由親族繼承。此外還有武備寺、太僕寺、尚乘寺等。元朝不設大理寺，以其職掌歸入御史台。

稱「監」的機構有太府監，設太卿、太監、少監，掌管財務庫藏。都水監，設監、少監、丞，掌管河堤渠防。祕書監，設卿、太監、少監，掌管圖書。

司天監，設提點、監、少監，掌管曆象研究及教學；回回司天監是少數民族星象學者觀察天象的專門機構。

稱「司」的機構有大司農司，設大司農、卿、少卿，掌管農桑、水利及賑濟之事。大都留守司，設留守、同知、副守，掌守衛京城。

元朝地方有兩個系統，一是行省系統，一是土司系統。

行省就是行中書省，也簡稱省。元朝以大都為都城，稱河北、山東、山西之地為「腹裏」，直屬中書省管轄。腹裏之外，分設嶺北、遼陽、河南、陝西、甘肅、四川、雲南、湖廣、江西、江浙等十個行省。

行省是中書省分出來的地方最高一級行政機構，設官同中書省，亦有丞相、平章、左右丞、參知政事、郎中、員外郎、都事等。這種制度是從金朝學來的，金朝叫行尚書省，是臨時的，不常設；元代定型為常設的機構。

以後,行省又演化為大行政區的代名詞。明、清時候,行省作為官署名不復存在,但作為大行政區的代名詞則沿用下來。行省下是路、府、州、縣。

路分上路和下路,滿十萬戶為上路,不及十萬戶為下路,地理位置重要的地方,不論人口數亦可置上路。路設總管府,長官稱達魯花赤,次官為總管。下有同知、治中、判官、推官等官,下轄儒學、司獄司、織染局、雜造局、錄事司等分管各項專門事務的部門。

府的設置不普遍,有的直屬中書省,有的隸屬於行省,有的隸屬於路。府之下有的直轄州縣,有的不轄州縣。府設達魯花赤、知府或府尹為長官,又有同知、判官、推官、知事、提控案牘等員分管各項具體事務。

州按所轄民戶多少分為三等,江南、江北標準不一。江南五萬戶以上為上州,三萬戶以上為中州,不及三萬戶為下州。江北一萬五千戶以上為上州,六千戶以上為中州,不及六千戶為下州。州設達魯花赤、知州為長官,其他設官如同府制。

縣也按所轄民戶多少分為三等。江南按照三萬戶以上、一萬戶以上、一萬戶以下劃為上、中、下縣。江北以六千戶以上、兩千戶以上、兩千戶以下劃為上、中、下縣。

縣設達魯花赤為長官,下設縣尹、縣丞、主簿、尉、典史等官。在比較重要的地方設巡檢司,如浙江行省泉州路設有澎湖巡檢司,管轄澎湖、琉球等地。

元朝土司系統設置於邊陲少數民族地區。有宣慰司、宣撫司、安撫司、招討司、元帥府、萬戶府、千戶所等機構，對應設有宣慰使、宣撫使、安撫使、招討使、元帥、萬戶、千戶等官，由少數民族首領擔任。有的土司設在行省之內，如湖廣、雲南、遼陽等行省；有的設在行省之外，如維吾爾、吐蕃等。

　　元朝土司的設置，是唐朝羈縻州縣的進一步制度化，以後為明、清兩朝繼承下來，對鞏固祖國的統一很有作用。

　　元朝以蒙古族為統治民族，把人戶分為蒙古人、色目人、漢人、南人四等。四等人戶在政治待遇上顯分優劣，從中央官到地方官的設置上都有突出的反映。高級官員基本上為世襲蒙古、色目貴族和極少數漢人官僚所壟斷，而漢人官僚也往往充任副職。

　　元朝非蒙古人做丞相的只有三人。御史台也是一樣。至於地方行中書省長官丞相、平章政事，更是非蒙古人不任。

　　元朝還有一個特殊的官名叫做「達魯花赤」，蒙古語「鎮守者」的音譯，按規定由蒙古人或色目人擔任。中央許多機構，地方路、府、州、縣，非蒙古軍的萬戶府、千戶所，都設有此官。達魯花赤的設置，也表現強化蒙古貴族統治的特點。

　　元朝官員的俸祿主要由俸鈔和職田構成。和宋、金相比，支俸項目已大為簡化。大體上，中央和行省、行台、宣慰司等官吏的收入全用俸鈔支付，這是前所未有的，也是元代俸

祿制度的一個重要特點；府、州、縣供職的官吏領取的是俸錢及職田的租入。

元朝官員是藉由科舉制和怯薛制來選拔，其中要以科舉制為主。

元朝科舉採取兩榜取士制，它展現元代的民族政策。所謂「兩榜取士」，就是蒙古人、色目人為右榜，漢人、南人為左榜。在實際錄取中，右榜必取蒙古人為第一，左榜必取漢人為第一。

從某種意義上講，元朝科舉對少數民族的優惠，客觀上幫助他們學習漢族文化，參與科舉的信心及行動則有利於民族間的相互融合。

元朝官吏的入仕有多種途徑，使得科舉在選拔官吏上並不重要，進而導致錄取員額減少。元朝共行科舉十五次，錄取文士僅一千多人，為唐宋時的十分之一左右。

另外，當時許多蒙古權貴對科舉制度存在著或多或少的偏見與敵視，也是這一制度未能儘早實行甚至又出現中輟的情況。

在選拔官員的標準上，元朝將中原的理學作為評判標準。這使程朱理學變成元朝官方承認的正統之學，並對後世理學的發展產生極大的影響。

除科舉制外，元朝官吏選拔的途徑怯薛制，即擔任皇帝的護衛，由此外方居官，能夠擔任怯薛的大多是權貴子弟，多是蒙古族人、色目人。漢人也有，但為數很少。

透過推薦征辟得官的多是漢人、南人，後來忽必烈設立御史台、行御史台，御史台的主要職能即使監察和舉薦人才。翰林院也常有舉薦人才之舉。

此外，儒戶出身者也可任官。儒戶的義務就是培養讀書之人去書院讀書，學滿後可以升任山長，即縣府的教官，不過這類的很少轉遷他官。國子生優異的也可以推薦任官，如蘇天爵，但這類名額很少。

閱讀連結

元世祖忽必烈善於任用能人異士是出了名的，他除了重用有才能的人，還能做到人盡其用。

來自義大利的世界著名的旅行家和商人馬可 · 波羅在中國遊歷十七年，跟元世祖的知人善用有關。

馬可 · 波羅於西元一二七五年來華後，立即受到元世祖的禮遇和重用，並先後代表元政府出使過波斯、印度、安南等地，在揚州任官三年。

馬可 · 波羅是第一個遍遊中國及其他亞洲國家的義大利人，並留下一部《馬可波羅游記》，把中國介紹給了世界。

選賢任能：歷代官制與選拔制度

近世時期 量才錄用

近世時期 量才錄用

　　明清兩代是中國歷史上的近世時期。明清時期的官制體系，不斷加強專制主義中央集權，君權也得到了前所未有地強化。

　　明朝內閣是君權強化的產物，清朝軍機處則是強化中央集權的繼續。明清官制表明，封建制度僅靠正常的統治措施已經無法維持下去，只好依靠強權、皇權的絕對化及特務機構加強對人民的鎮壓和思想的控制，它反映了封建制度逐漸衰落的趨勢。

▌明朝任官制和選官制

■明太祖朱元璋畫像

明朝官吏的選任制度，是明朝政治制度的重要組成部分。包括任官制度和選官制度，涉及中樞官制、地方官制和軍事官制三部分。

明朝在中央首創內閣，並使之成為六部之上的最高行政機構；在地方上共設省、府、縣三級行政機構；在軍事上設錦衣衛。這是武官第一次掌有監察百官萬民之權。明朝官制影響一直延續到清朝。

明朝在中央官制中，明太祖朱元璋廢除元代中書省，罷丞相不設，重新進行調整，形成以六部為主幹，設府、院、寺、司分別處理政務的行政格局。

六部直屬於皇帝，成為中央主理政務的最高一級權力機關。六部長官是尚書，次官是左、右侍郎，也稱正官或堂上官。

司又稱清吏司，設郎中、員外郎、主事，同為屬官。郎中視為正郎，員外郎視為副郎。又設有司務為首領官，負責部內庶務。

六部按其序列是吏部、戶部、禮部、兵部、刑部和工部。

吏部下設文選、驗封、稽勳、考功四司。吏部尚書通常稱為天官、塚宰、塚宰、太宰，負責掌管官員的任免、封賞、考核等，為正二品。

戶部下設十三司，司名與明代地方十三省區的名稱相對應。戶部尚書別稱大司農，負責掌管全國戶口、田賦、版籍、歲會、賦役實征等政策與政令，為正二品。

禮部下設儀制、祠祭、主客、精膳四司。禮部尚書別稱大宗伯，左右侍郎稱少宗伯，負責掌管全國的禮儀、祭祀、宴饗、貢舉、外交等政令，為正二品。

兵部下設武選、職方、車駕、武庫四司。兵部尚書別稱大司馬，負責掌管全國衛所軍官的選拔授予、訓練、車輛、武器管理等政令，為正二品。

刑部下設十三司，司名與戶部相同。刑部尚書別稱大司寇，負責掌管全國的刑名、徒隸、考核、關禁等政令，為正二品。刑部的都察院前身是御史台，西元一三八〇年改為督察院。督察院是最高監察機構。

工部下設營繕、虞衡、都水、屯田四司。工部尚書別稱司空，負責掌管全國的百官、山澤、營繕、采捕、陶冶、舟車、織造、屯種等政令，為正二品。

除六部以外，還有通政使司。這是明朝創設的機構，主要掌管出納帝命，受理內外章疏，被稱作是天子的「喉舌之司」。

設通政使、左右通政、左右參議等正官。七卿加上大理寺卿、通政使，合稱「九卿」。

明朝內閣為明朝首創。明太祖廢丞相後，當時很難直接指揮六部百司，親裁獨斷，所以必須搞個「祕書處」，幫助他處理政事，而這就是內閣。

閣指文淵閣，在午門之內，文華殿南面，因地處宮內，閣臣又常侍皇帝於殿閣之下，避宰相之名，故稱內閣。

與內閣關係密切的有兩類機構，一為中書科、尚寶司、六科，二為翰林院、詹事府。

中書科設中書舍人，承辦書寫事務；尚寶司設卿、少卿、司丞，掌管印璽信物；六科是吏、戶、禮、兵、刑、工六科的簡稱。

各科設都給事中、左右給事中、給事中。其中給事中又與御史合稱科道官、台省官、言官、台瑣清班，頗能左右朝政，在明代政治舞台上十分活躍。

另一類機構是翰林院、詹事府。翰林院是朝廷專司筆札文翰之事的機構，負責制誥、修史、文翰等事，設學士、侍

讀學士、侍講學士、侍讀、侍講、《五經》博士、典籍、侍書、待詔等官。

詹事府是輔導皇太子的機構，設詹事、少詹事、府丞等正官，下設左右春坊和司經局。翰林院和詹事府的官員常不全設，往往互兼，均受內閣提調。

明初曾經設中書省，有左、右丞相。西元一三八〇年，明太祖因胡惟庸案罷中書省，分中書省之權歸於六部。原中書省官屬盡革，唯存中書舍人。

明初軍製為「衛」和「所」，每衛轄正規軍士約五千人，其下設所，分為千戶所和百戶所，京城的禁衛軍所轄衛所為四十八處。

西元一三八二年，朱元璋改革禁衛軍，建立十二個親軍衛，其中最重要的就是「錦衣衛」。

錦衣衛全稱「錦衣親軍都指揮使司」，由將軍、校尉和力士組成。將軍初名「天武」，後改稱「大漢將軍」，選取體貌雄偉、有勇力者充任，作為殿廷衛士；校尉、力士揀選民間身體健康、沒有前科的男子充任，校尉掌管鹵簿、傘蓋，力士舉持金鼓、旗幟。

「巡查緝捕」是錦衣衛區別於其他各朝禁衛軍的特殊之處。負責偵緝刑事的錦衣衛機構是南、北鎮撫司，其中北鎮撫司是洪武十五年添設，專理皇帝欽定案件。

成化元年，增鑄北鎮撫司印信，一切刑獄不必關白本衛。北鎮撫司擁有自己的詔獄，可以自行逮捕、刑訊、處決，不必經過一般司法機構。

近世時期 量才錄用

　　「太監」一詞，在明朝是指最高一級宦官。明朝宦官機構稱二十四衙門，由十二監四司八局組成。宦官的官職有掌印太監、提督太監、秉筆太監和隨堂太監。明朝宦官機構之龐大，設置之完備，是空前絕後的，並足以與官僚機構相匹敵。

　　明朝地方省級組織設都、布、按三司，分理地方軍政事務，替中央承宣布政。

　　都，指都指揮使司，簡稱都司，是軍事編制，如東北部的奴兒干都司及其衛所，朵甘和烏斯藏都指揮使司等。

　　布，指承宣布政使司，簡稱布政司，主管一省民政、財政。設左右布政使、左右參議、左右參政等正官。

　　按，指提刑按察使司，簡稱按察司，主管一省司法和監察。設按察使、副使、僉事等正官。

　　省級以下分府、州、縣三級，既是行政區，又是官署名。其中州有散州和直隸州之分；散州也稱屬州。府、州、縣各設知府、知州、知縣為長官。明代透過督撫加強對府、州、縣的控制。

　　明朝地方還設有各種專務機構，如都轉運鹽使司和鹽課提舉司掌管鹽政；行太僕寺、苑馬寺管理馬；市舶提舉司簡稱市舶司，設於廣東、福建、浙江等省，為掌管海外各國貢使朝貢互市的機構。

　　明朝文官品級分為九品正從十級。武官分六品正從十二級。散官有文散、武散之分。文散共四十二階，正二品至從四品。武散從正一品到從六品，共三十階。勳官有文勳、武

勛之分。文勛從正一品至從五品，共十等。武勛從正一品至從六品，共十二等。

宗室封爵有親王、郡王、鎮國將軍、輔國將軍、奉國將軍、鎮國中尉、輔國中尉、奉國中尉八等。功臣、外戚封爵有公、侯、伯三等。

宗室百官的俸祿以石計算。最初宗室給祿米，以後又間以給鈔；百官俸祿米鈔兼支。官員兼職，俸祿隨之增加，但兼官多為高級官吏，中下層官吏往往因俸祿折錢，鈔值日跌，實際收入降低。總的來說，明代官吏的待遇在歷朝中是最低的。

明朝統治者十分重視整頓和恢復禮制，在嚴格的等級觀念指導下，制定出一套官服制度。

文官一品仙鶴，二品錦雞，三品孔雀，四品雲雁，五品白鷳，六品鷺鷥，七品鸂鶒，八品黃鸝，九品鵪鶉。雜職練鵲。風憲官即御史官獬廌。武官一品和二品獅子，三品和四品虎豹，五品熊羆，六品和七品彪，八品犀牛，九品海馬。

此外，品官常服需用雜色紵絲、綾羅、彩繡。官吏衣服、帳幔，不許用玄、黃、紫三色，並織繡龍鳳文，違者罪及染造之人。朝見人員，四時並用色衣，不許純素。若朝賀、謝恩、見辭，一律穿官服。

明朝選拔官員，有科舉、薦舉、吏士三個途徑，不過明朝一般最重視的是科舉這一途，而其中最重視的則是進士科，並藉由八股取士。

明朝正式科舉考試分為鄉試、會試、殿試三級。

選賢任能：歷代官制與選拔制度

近世時期 量才錄用

　　鄉試是由南、北直隸和各布政使司舉行的地方考試，地點在南、北京府、布政使司駐地。每三年一次，逢子、午、卯、酉年舉行，又叫鄉闈。考試的試場稱為貢院。

　　因為考期在秋季，鄉試又稱秋闈。凡本省科舉生員與監生均可應考。主持鄉試的有主考兩人，同考四人，提調一人，其他官員若干人。考試分三場，鄉試考中的稱舉人，俗稱孝廉，第一名稱解元。

　　會試是由禮部主持的全國考試，又稱禮闈。於鄉試的第二年，也就是逢辰、戌、未年舉行。全國舉人在京師會試，考期在春季二月，故稱春闈。

　　會試也分三場，由於會試是較高一級的考試，同考官的人數比鄉試多一倍。主考、同考以及提調等官，都由較高級的官員擔任。主考官稱總裁，又稱座主或座師。考中的稱貢士，俗稱出貢，別稱明經，第一名稱會元。

　　殿試在會師後當年舉行，應試者為貢士。貢士在殿試中均不落榜，只是由皇帝重新安排名次。殿試由皇帝新自主持，只考時務策一道。殿試畢，次日讀卷，又次日放榜。

　　錄取分三甲：一甲三名，賜進士及第，第一名稱狀元、鼎元，二名榜眼，三名探花，合稱三鼎甲。二甲賜進士出身，三甲賜同進士出身。二、三甲第一名皆稱傳臚。一、二、三甲通稱進士。進士榜稱甲榜，或稱甲科。進士榜用黃紙書寫，故叫黃甲，也稱金榜，中進士稱金榜題名。

鄉試第一名叫解元，會試第一名叫會元，加上殿試一甲第一名的狀元，合稱三元。連中三元，是科舉場中的佳話。明代連中三元者僅商輅一人而已。

殿試之後，狀元授翰林院修撰，榜眼、探花授編修。其餘進士經過考試合格者，叫翰林院庶吉士。三年後考試合格者，分別授予翰林院編修、檢討等官，其餘分發各部任主事等職，或以知縣優先委用，稱為散館。庶吉士出身的人升遷很快，明英宗以後，朝廷形成非進士不入翰林，非翰林不入內閣的局面。

閱讀連結

朱元璋在組織人才班底時，很注意文武搭配。他認為，打天下就好比是蓋房子，砍伐搭建、購置材料，需要武將，而裝修粉飾需要文臣。只有文臣而沒有武將，就好像房子沒有蓋成，就想著粉刷；只有武將而沒有文臣，就好像有了房子，但是沒有裝修，還是不能住人。

所以治理天下用人要注意文武兼備，才能把事情辦好。

因此，朱元璋武有能征慣戰的徐達、常遇春等人為他衝鋒陷陣，文有劉伯溫、朱升等人為他出謀劃策。

▌清朝對舊制稍加改革

■清太宗皇太極畫像

　　清朝是中國歷史上最後一個封建王朝，為加強中央集權，多次削弱、分化大臣權利，建立一套有別於以前各朝的官制。

　　清初官制大體承明之舊，只是對舊制中突出的弊端稍加變革。直至雍正、乾隆時候，才逐步調整併穩定下來。

　　清朝官制包括中央、地方和軍事方面的官制，以及相應的官員選拔制度等。

　　清朝中央官職分中樞部、佐理部和帝室部三類，包括內閣、軍機處、六部等。

　　清朝內閣沿襲於明朝。入關前，皇太極曾創設文館，是為內閣的雛形。後來又把文館擴展為內三院，即內國史院、內祕書院和內弘文院，負責起草文書、撰擬詔令、編纂史書、

頒布制度。入關後仍設內三院，西元一六五八年開始稱內閣。三年後復改內三院。

康熙時期的內閣，設大學士、協辦大學士、學士，俱滿、漢分授。大學士仍冠以殿閣之名。內閣雖居百官之首，但權力又遜於明朝。

雍正時期的內閣改名軍機處，軍機處本是秉承皇帝意旨指示軍事機宜的機構。清高宗即位，改名總理處，後仍復舊名。

軍機處設軍機大臣和軍機章京，均為兼職。軍機大臣的全稱叫軍機處行走，或軍機大臣上行走；初入軍機處或資歷淺者稱在軍機大臣上學習行走，歷事一段時間後，再去掉「學習」兩字。

在軍機處任職的官員稱為軍機大臣，統稱大軍機。軍機大臣的同僚或部屬稱為軍機章京，又稱小軍機。軍機大臣由皇帝從滿、漢大學士和各部、院、寺長官中選拔，或由軍機章京升任。軍機大臣之間無統屬關係，以品高資深者為班首。

軍機處總的職責是掌軍國大政。自軍機處成立後，皇帝對中央及地方機構或官吏有所指示，都由軍機處起草諭旨，皇帝閱定後，可以公開宣示的交內閣頒發，稱作明發；機密的或個別諭行的由軍機處封寄，稱作廷寄。一切秉承皇帝的意志行事，欽承宸斷，表明君主集權達到空前的高度。

如果說明朝中期內閣首輔多少還保留一點宰相權勢的話，那麼清代的內閣和軍機處，則徹底消除了歷史上宰相制

度的影響。明朝時為了進一步集權而不設宰相、中書省等機構，宰相的權利轉移到內閣，由內閣來處理國家政務。

清朝繼承了這套做法，內閣的首輔大學士以及協辦大學士都被稱為中堂，即宰相的別稱，但實權則由軍機處掌握。

清朝沿襲明朝傳統，設吏、戶、禮、兵、刑、工六部，管部的大學士及尚書、侍郎等各部長官稱堂官，部下屬各司的郎中、員外郎、主事以及主事一下的七品小京官稱為司官。

在六部之外和六部並立的中央行政機構有：大理寺、太常寺、光祿寺、太僕寺、鴻臚寺、國子監、欽天監、翰林院、太醫院、理藩院、宗人府、詹事府、內務府。

六部之設，與明朝相同，但有三點變化。一是六部之官為復職，即有一漢員，必有一滿員。尚書、侍郎如此，司官也是一樣；二是所屬機構有部分調整，如戶部下設十四司，刑部下設十八司；三是職權小於明朝六部，如吏部的一部分人事權劃歸軍機處。

清朝軍隊主要分八旗和綠營兩個系統。八旗又分京營和駐防兩部分，京營中侍衛皇帝的稱為親軍，由侍衛處領侍衛內大臣和御前大臣分掌，而御前大臣持掌乾清門侍衛和皇帝出行隨扈，權位尤重。

守衛京師的有驍騎營、前鋒營、護軍營、步兵營、健銳營、火器營、神機營、虎槍營、善撲營等。驍騎營由八旗都統直轄；前鋒營、護軍營、步兵營各設統領管轄；健銳營、火器營、神機營由於都是特種兵，設掌印總統大臣或管理大

臣管轄；虎槍營專任扈從、圍獵等，設總統管轄；善撲營則專門練習摔角。

駐防八旗駐紮於全國各重要之地，視情況不同設將軍、都統、副都統、城守尉、防守尉等官。內地將軍等只管軍事，而駐紮邊疆的將軍等要兼管民政。清朝的將軍是滿官的稱號，戰時則任命親王為大將軍。

綠營即漢兵，駐紮京師的稱巡捕營，歸步軍統領管轄。綠營的建制分標、協、營、汛幾級，標又分為督標、撫標、提標、鎮標、軍標、河標、漕標等，分別由總督、巡撫、提督、總兵、八旗駐防將軍、河道總督、漕運總督統率。

督標、撫標、軍標、河標、漕標都是兼轄，實際各省綠營獨立組織為提標、鎮標，提督實為一省的最高武官，總兵略低於提督。總兵以下，副將所屬為協，參將、游擊、都司、守備所屬為營，千總、把總、外委所屬為汛。

清朝沿襲明朝設都察院，左都御史、左副都御史為監察院長官，右都御史、右副都御史則為總督、巡撫的加銜。但清代都察院的左右都御史、左右副都御史均為復職。

都察院按省區分為若干道，每道設掌印御史和一般御史。清朝各道與明朝最大的不同是御史出巡制度廢革。順治時，還因臨時需要設過巡按御史、兩江御史、巡田御史及巡鹽御史，均不屬於道，行之不久，即行罷革。自這之後，雖然偶爾有差派在京御史巡察各地，但規模小，時間短，不成制度。

清朝在京師中、東、西、南、北五城各設有一個察院，長官稱巡城御史，由給事中、御史中間派，一年一換。五城

兵馬司各設指揮、副指揮等官。各城察院和兵馬司，分管本城區的治安。

清朝增設宗室御史處、稽查內務府御史處，分別監察宗人府和內務府的事務。都察院與刑部、大理寺仍稱三法司。都御史與六部尚書合稱七卿。九卿的設置與明朝相同。

清朝地方官職大致分省、府、縣三級。總督、巡撫為掌握行政、軍事、監察大權的高級地方官員，布政、按察兩使為督、撫的屬官。與督、撫平行的有駐防將軍和提督學政，不過駐防將軍只管八旗駐軍；提督學政只管學校與科舉考試，其權力是不能與督、撫相比的。

省以下為府，設知府、同知、通判等官，與府平行有直隸廳，設同知、通判。府以下為縣，設知縣、縣丞、主簿等官，與縣平行的為散廳，設置同直隸廳。在少數民族地區則設專門機構管理，即土司。

清朝在邊區設將軍、都統、大臣等官。在關外東北地區設盛京將軍、吉林將軍、黑龍江將軍。盛京將軍兼管奉天府尹。吉林將軍、黑龍江將軍下有副都統，協助將軍管理軍民事務。在內蒙古設察哈爾都統、熱河都統、綏遠將軍和歸化城副都統，下分科爾沁等二十四部、四十九旗。

在新疆地區設伊犁將軍為最高官位。各地又設都統，辦事大臣，參贊大臣，領隊大臣，如吐魯番領隊大臣、英吉沙爾領隊大臣等。西元一八八四年，新疆改行省，設巡撫，僅保留伊犁將軍和塔爾巴哈台參贊大臣。新疆北疆稱天山額魯特，分五部十三旗，編為五盟。

各設盟長、副盟長，由同盟之扎薩克選任。南疆各城設各級伯克，伯克是維吾爾族對官員的稱謂，最高為阿奇木伯克，其次是伊什罕伯克。建行省後，各城改為府、縣，僅保留阿奇木伯克、伊什罕伯克，其餘名目伯克均被裁革。

在西藏設辦事大臣，初設兩人，後改辦事大臣一人，幫辦大臣一人。西藏辦事大臣簡稱駐藏大臣。駐藏大臣與達賴、班禪額爾德尼共管西藏事務。

上述邊區的將軍、都統、大臣，都由皇帝從滿族貴族中選派，秉承皇帝意旨行事，其職權與內地總督相似。此外，清朝還在雲南、貴州、廣西、四川、西藏、甘肅、青海七省少數民族地區設土官，以當地少數民族首領擔任。

清初文武官員的品秩與明代相同，一七八六年統一為九品正從十八級。九品之外，稱未入流。

除品級外，文武官遇覃恩又有封階。文官十八階，一至十階稱某某大夫，十一至十八階稱某某郎。武官封階，初分三個系統。一為公、侯、伯，封光祿大夫，後改建威將軍；一為八旗，有九階；一為綠營，有十二階。乾隆時統一為十八階，一至四階稱某某將軍，五至八階稱某某都尉，九至十四階稱某某騎尉，十五至十八階稱某某校尉。文武大臣還有加官，為三公三孤，制與明同。

清朝的爵位是世襲之號。乾隆時規定，宗室封爵為十四等：和碩親王、世子、多羅郡王、長子、多羅貝勒、固山貝子、鎮國公、輔國公、不入八分鎮國公、不入八分輔國公、鎮國

將軍、輔國將軍、奉國將軍、奉恩將軍。世子、長子候襲親王、郡王，實際上只有十二等。

清朝宗室、百官俸祿分銀、米兩種，以宗室封爵和官員品級高低為標準，稱正俸。

在外武官不支米，另外有豐厚的薪銀。在正俸之外，還有恩俸、養廉、津貼、公費等，也是官員的合法收入。

清朝官員人才選拔首先是透過科舉取士，其次是八旗在編人員或者皇室成員頂職取仕；這種方法主要針對滿族人，因為滿族人除了參加科舉外，還可以「頂職取仕」，漢人則只能利用科舉而取仕當官；其中最著名的代表為和珅。

和珅當初是八旗在編人員，並未參加科舉取士，等到了工作年紀便借上輩功勞入仕，最後就是透過高官舉薦為仕。這種方法主要針對是清朝決策層的高官。

閱讀連結

康熙主張「奸人用，忠良也用。有能者用，無能者也用；仁為用，威武用。天下人皆為吾用也」，這使得每個有才德、有才無德乃至無才無德的人都極盡所能地為其所用。

剪除鰲拜時他用魏東、亭索額、圖明珠；平定三藩時用周培公、圖海；平台作戰中用姚啟聖、施琅、李光地等。究其用人精髓，不外三點：一是重用漢臣，二是恩威並施，三是忠奸盡收。

正因為康熙在用人上有獨到之處，才為「康乾盛世」打下了良好的基礎。

國家圖書館出版品預行編目（CIP）資料

選賢任能：歷代官制與選拔制度 / 王金鋒 編著 . -- 第一版 .
-- 臺北市：崧燁文化，2020.03
　　面；　公分
POD 版

ISBN 978-986-516-130-9(平裝)

1. 官制 2. 中國政治制度

573.1　　　　　　　　　　　　108018540

書　　名：選賢任能：歷代官制與選拔制度
作　　者：王金鋒 編著
發 行 人：黃振庭
出 版 者：崧燁文化事業有限公司
發 行 者：崧燁文化事業有限公司
E - m a i l：sonbookservice@gmail.com
粉絲頁：　　　　　　網址：
地　　址：台北市中正區重慶南路一段六十一號八樓 815 室
8F.-815, No.61, Sec. 1, Chongqing S. Rd., Zhongzheng
Dist., Taipei City 100, Taiwan (R.O.C.)
電　　話：(02)2370-3310 傳　真：(02) 2388-1990
總 經 銷：紅螞蟻圖書有限公司
地　　址：台北市內湖區舊宗路二段 121 巷 19 號
電　　話:02-2795-3656 傳真:02-2795-4100　　網址：
印　　刷：京峯彩色印刷有限公司（京峰數位）
　　本書版權為現代出版社所有授權崧博出版事業有限公司獨家發行電子書及繁體
　　書繁體字版。若有其他相關權利及授權需求請與本公司聯繫。
定　　價：200 元
發行日期：2020 年 03 月第一版
◎ 本書以 POD 印製發行